郑人刚 著

Transcending Boundaries: The Fusion of Chinese and Western Aesthetics in Art
20世纪中国新文人画派十一大家

上海书画出版社

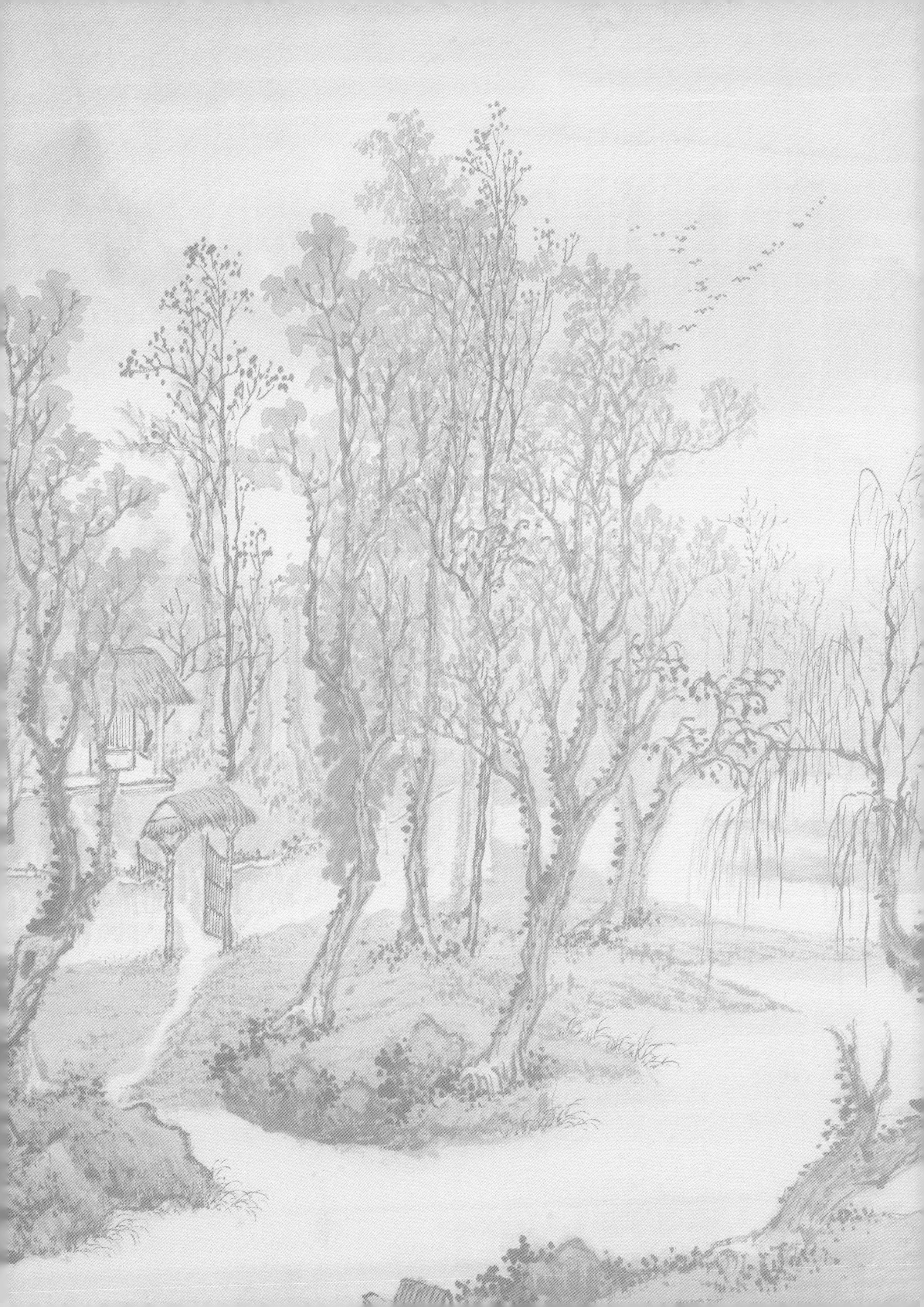

序一

田松青

刘勰在《文心雕龙·通变》说："文律运周，日新其业；变则其久，通则不乏。"萧子显《南齐书·文学传论》也说："在乎文章，弥患凡旧，若无新变，不能代雄。"从魏晋这个"文学的自觉时代"（鲁迅《魏晋风度及文章与药及酒之关系》）开始，中国古代文人深知求新求变对文学创作的重要性。同时，"当文学不再被看作是政教的工具，而注重表现作者个人心灵的感受与向往以后，美的创造就成了它的首要任务"（章培恒、骆玉明《中国文学史》）。事实上，这种"自觉"并不局限于文学创作，更是毫无阻力地辐射并覆盖到几乎所有文人参与的艺术创作和审美活动中，尤其是书法、绘画。简而言之，以美的形式表达个人的情感和情怀，并遵循求新求变的原则不断地否定自己、超越自己，以达到艺术的化境，成为中国古代艺术家的终极目标，也是推动中国传统艺术不断发展的原动力。

中国画发生"新变"的转折点应该就是宋代的文人画。极度崇文的朝廷政策让宋代文人除了文学外，可以将其他的艺术天赋也充分地展示出来。苏轼、黄庭坚、文同、米芾等具有顶级艺术天赋的文人加入绘画的创作，不仅打破六朝和唐代高超技巧的写实主义绘画的发展瓶颈，更奠定了文人画从顾恺之"以形写神"、谢赫"应物象形"转变为苏轼"不求形似"的绘画理念，并影响、延泽了一千年之久，至今未断。苏轼在他的《书鄢陵王主簿所画折枝二首》（其一）里写道：

> 论画以形似，见与儿童邻。赋诗必此诗，定知非诗人。诗画本一律，天工与清新。边鸾雀写生，赵昌花传神。何如此两幅，疏淡含精匀。谁言一点红，解寄无边春。

"谁言一点红，解寄无边春"直接就是以诗法喻画法，同时也是喻鉴赏之道。而与苏轼同时代的郭若虚在名著《图画见闻志》中的一段话可谓这两句诗的最佳美学注脚：

> 且如世之相押字之术，谓之心印。本自心源，想成形迹，迹与心合，是之谓印。爰及万法，缘虑施为，随心所合，皆得名印。矧乎书画，发之于情思，契之于绡楮，则非印而何？

一言以蔽之：绘画是心灵印迹的自然流露。自此以后，无论是山水、建筑、草木、花鸟，都只是画家笔下的艺术载体，而其真正表现的则是画家的心灵印记、精神情怀。正如后来海上著名画家、美术教育家郑午昌所言："画家的宇宙，比自然的宇宙更大。自然所没有的美色奇景，都在画家胸襟笔墨中。"

作为转折点，文人画看上去是苏轼他们天赋的爆发，然而事实上，这是自汉代以来浸润古代文人一千多年的经学、哲学、宗教、文学、审美、人生观的综合量变而产生的质变。

再看西方美术。印象派的出现可谓古典美术和现代美术的分水岭。但是跟中国宋代文人画是一场自觉的革命似乎不同，西方现代美术的革命在某种程度上是被迫的，因为在1839年第一台照相机诞生了。摄影技术的飞速发展，似乎对传统的以写实为终极目标的西方绘画给予了致命一击。但是，西方绘画并没有倒下，因为几乎与此同时产生的印象派向世间宣布：我们革命了，我们也要求新变。随后野兽派、立体派、未来派、达达派、表现派、超现实主义、抽象主义、波普艺术等派别如雨后春笋，马奈、莫奈、塞尚、凡·高、毕加索、康定斯基、亨利·马蒂斯、爱德华·蒙克、亨利·卢梭等一批天才画家给西方画坛带来了无与伦比的生机和作品。

19世纪末，西学渐进，而西方艺术带给平稳了一千年的中国画的震撼和冲击也是巨大的。任伯年、黄宾虹、郑午昌、王一亭、刘海粟、赵冷月等天才画家在接触到全新的西方美术作品后，无一例外地采用了拿来主义，他们拼命地学习精髓，汲取养分，转变画风，求新求变。正是这些画家的艰辛努力，才使得中国画在西方绘画面前不至于节节败退，因此，他们于中国画来说，可谓有"续命"之功。

作为新国画派的创始者，郑午昌先生英年早逝，但其艺术却薪火相传。其子郑孝同，幼承庭训，后得午师弟子、著名画家陈佩秋指点，常年创作不辍，成为新海派文人画的代表。其孙郑人刚，也是自幼学画，天赋异人，画艺精湛；壮年后毅然留学乌克兰，重新学习西方美术。正因为有这样的基因、家风和经历，使得郑人刚终于打通中西方绘画的"任督二脉"，用其独特的双视角，对看上去似乎并不相关的中西方画家及其作品重新审视，因此有了这本《画通中西——20世纪中国新文人画派十一大家》问世。作为郑午昌的嫡孙，郑人刚可谓传承家风，后出转新，可喜可贺。

是为序。

序二

李天扬

如果，今天的一个画者，画得跟倪云林、黄公望面貌仿佛，有意义吗？

我觉得有：一、说明此人手上功夫不错，当然是值得高兴的事；二、如果此人画得开心，且卖得出去，就更值得高兴了。这，不是挺有意义吗？

然而，倪、黄等，一、并不知道"中国"原来在西方之东；二、更没有见过达·芬奇、莫奈、凡·高、毕加索。他们如果活在今天，还会这样画吗？

这个问题，我不敢替古人代言。

在史学界，每有"第一个睁眼看世界的人"之谓，被后人戴上这顶桂冠的，有林则徐、郭嵩焘、龚自珍、魏源、张謇等人。这么多"第一人"，恰恰说明，"睁眼看世界"，重要、必要。

绘画界，最早"睁眼看世界"的，亦灿若群星，短短的20世纪上半叶，涌现出一批大师级的画家，人数之多、面貌之新、影响之巨，不仅大大胜过古代的任何一个五十年，也令今人望尘莫及。这，总是跟"睁眼看世界"有关系的罢？

郑人刚，郑午昌之孙，郑孝同之子。做为名门之后，甘之如饴的多，如坐针毡的少。我没问过人刚兄，个中滋味何如。我想，如果问，他肯定咧嘴一笑："各又无所谓额。"是的，他是一个相当洒脱的人，不管是对生活还是对艺术，不管是对同行还是对爷爷，都洒脱。这，与其说是一种秉赋，不如说是一种修养。

遗传基因是一件很神秘的东西，人刚兄，比他爸爸还像他爸爸的爸爸。活脱脱，毕肖郑午昌。郑门三代画家，自然是佳话。人刚兄，也是"睁眼看世界"的，他的留学地点，本来挺小众：乌克兰。虽然小众，却不可小觑。他读的乌克兰国立建筑与美术学院，与莫斯科美术学院、圣彼德堡美术学院在苏联鼎足而三。中华人民共和国的美院体系，受苏联美术教育理念影响极深，而到了人刚兄这一代，到这三所美院深造的，不算多。后来，乌克兰沦为战场，成了世界关注的中心，这是谁也料不到的。战争一开始，人刚兄常常在朋友圈发布相关信息，我追着看。战争，打得焦灼，结局难料。现在，竟过了千天。关注的人，也少起来。却不料，那边在打仗，他在这边埋头写了这本书。

人刚兄的画，跟祖、父，都没什么关系。他，画他自己的。他的画，很松，很当代，我喜欢；他的话，更是深得我心，我们的共同语言太多了，虽然聊天机会并不多；他的文，是最令我惊讶的——随手写写，就是一本书了。

任伯年、黄宾虹、王一亭、郑午昌、陶冷月、刘海粟、钱瘦铁、王康乐、孔小瑜、谢之光、赵冷月，人刚兄选了身处"睁眼看世界"时代的十一位前辈，将他们一一与西方艺术比较，被比较的西人有马蒂斯、凡·高、莫奈、米勒、列宾、珂勒惠支、奥迪隆·雷东、梅尔尼科夫、杜尚、蒙克、库因芝、莫迪里阿尼、奥斯卡·柯克西卡、安迪·沃霍尔、弗朗兹·克兰，等等，如此庞大的阵仗，构成了这一本独特的书。这本书的部分文章，陆续在微信上发表过，我读过一部分，现在读书稿，仍感如行山阴道上，目不暇接。这本书最有意思，恐怕还不是涉及的中西画家多，而是人刚兄的比较常常出人意表，比如，刘海粟和马蒂斯、钱瘦铁和蒙克、谢之光和安迪·沃霍尔，等等，粗看颇有"乱点鸳鸯谱"之感，细读则佩服他言之成理。

我们当然很有兴趣看看人刚兄是怎么说爷爷的，看看他会把郑午昌跟谁比，是达·芬奇呢还是毕加索？但恰恰，这是他写得最规矩的一篇，甚至，连比较对象都没有。我猜，这篇许是旧作，不是为这本书而写。这规矩的一篇，难掩人刚兄的天马行空，神游中西。这里，就不剧透了。各位看官自己去看便是。

跟文学、音乐、戏剧等艺术领域积极拥抱、吸收西来潮流不同，中国画界，似乎总有"崇西抑中"之忧。对此，郑午昌的态度从容不迫，他说："关心中国固有艺术之士，见西画之实逼如此，每用喟叹，恐国画之将从此沉沦。实则我国画坛与域外艺术相接触而发生关系，今已为第四期。以我民族文化之特性、绘画之精神，而证以过去之史实，对于域外艺术之传入，初必尽量容受，继则取精遗粗，渐收陶溶之功，终乃别开门径，自见本真。"说得多么好！

人刚兄承继爷爷的，不在技，而在道。

同样的，与早就成为显学的比较文学相较，比较美术学要冷清得多。虽说蔡元培、鲁迅、徐悲鸿、刘海粟等前辈有过精辟的相关论述，但总是未成气候。从这个意义上说，人刚兄这本书的面世，就好像往沉寂的湖面投下了一颗石子。我希望，它泛起的涟漪，越大越好。

"道形而上，艺成而下。"这句话，是黄宾虹序郑午昌《中国画学全史》之开头，引自《易》。道形而上，既曰道，便无问西东。

2024年12月5日于文新报业大厦

自序

郑人刚

一次偶然，写了一篇《从西方表现主义看钱瘦铁的艺术风格》的文章，受到众多朋友的认可，从此一发而不可收拾。中西绘画之比较研究也是我爷爷郑午昌生前所倡导的，20世纪30年代初他在《现代国画家应有这种觉悟》一文中指出："我国画家所敬仰的往哲，如顾陆张展，荆关董巨，黄王倪吴，以及清之四王吴恽等，在西洋美术史上，都不难一一找出其人格和艺术相同的人物。"

在乌克兰国立建筑与美术学院求学时，由于从小受中国传统绘画影响，面对西方绘画，时常会在两者间产生一些思考，并彷徨于中西绘画的不同甚至是矛盾关系之中，直至2002年的最后一天的深夜，突然感觉有所悟，便在宿舍的地板上写下了"画通中西"四字。如今，我把自己的所学、所悟整理出来，无论褒贬，我想都是冥冥之中的事情。其实，这世上并没有任何事情是偶然发生的。

本书面对中西艺术大师各自不同的艺术历程，用对比的形式，呈现出两者间的共性和差异性、对立或矛盾的元素并置，试图激发出读者视觉、情感和思想上对中西文化的再认识，共同进行一次深入的思考和探究。

文人画，也称"士大夫写意画""士夫画"，是中国封建社会中文人、士大夫所作之画，用以区别民间画工和宫廷画院职业画家的绘画，始于唐代王维。文人画注重表达内心情感，追求气韵审美以及超越视觉表象的文化精神。与"后印象派"强调艺术形象要异于生活的物象，表现"主观化了的客观"的核心思想有相通之处。中国文人画与西洋绘画不同的是其将诗、书、画、印，融为一体，这对创作者要求极高，文人画不仅仅是绘画技巧的展现，更是文人精神世界和文化素养的体现，并最终将绘画艺术以哲学的形式呈现出来。

人类艺术是一个整体，绘画不分中西，没有谁更先进，都是人类文明的一部分。本书所选的这十一位大家所处的时代正值中国绘画史上前所未遇的"西画东渐"之时，然而他们对外来文化并不盲从、不妥协，在表现形式上将中西绘画融会贯通，去其糟粕，汲取精华。

在中文中的"艺术"二字，艺代表技艺，术是术道的精神和主观性。艺是术的基础，术是艺的灵魂。艺术家们在绘画理念上不变的是中国传统绘画"道法自然，天人合一"的这一哲学思想之魂，他们为中国画在特定的历史时期如何与时俱进并正确发展指明了方向，开辟了道路。我认为，这一时期是中国画从传统走向现代的转折期，也是过渡期，可定义

在宿舍地板写下的"画通中西"四字

为"新文人画派",这十一位艺术家影响并推动了整个中国美术史的发展进程,他们是20世纪中国"新文人画派"的原动力,是中国文人画走向世界的先驱,理当为世界所认知。

我以为衡量中国文人画大家的标准有三:首先是社会责任感,其二是创造力,其三才是笔墨传承。创新者远高于传承者。这里所述十一位大家并非从我个人喜好出发,也并非从市场价格论知名度出发,而是基于客观事实来阐明他们对中国文人画发展的历史贡献。

宇宙无问西东,绘画艺术亦是如此。正如郑午昌所言:"我们在这个时代,要扩大一些胸襟,西洋美术的输入,就是中国美术将有新精神的焕发的希望。一方面要把中国固有的美术,尽力发扬他的特长,一方面又虚心兼研外国美术,而集其长者善者陶熔之。"这,也应是人类艺术共融共生的共同目标。

感谢先辈们的嫡系后人,在我写作中提供的帮助和支持,他们是任伯年曾孙任克陆,黄宾虹孙女黄高勤,王一亭曾孙王孝方,陶冷月之子陶为浤、陶为衍,刘海粟之女刘蟾,钱瘦铁孙女钱晟,王康乐之女王守中,孔小瑜之孙孔成,赵冷月之子赵时中,以及《郑午昌传》作者王威尔,好友徐俪拉尼女史。

是为序。

目　录

序一　田松青　/1

序二　李天扬　/3

自序　郑人刚　/5

从任伯年到莫迪里阿尼　/1

中国文人画中的表现主义宗师——黄宾虹　/15

从西方现实主义再到象征主义看王一亭的人物画　/27

新文人画派集大成者——郑午昌　/37

陶冷月的光与库因芝的夜　/49

从马蒂斯的"野兽派"看刘海粟　/61

从西方表现主义看钱瘦铁的艺术风格　/71

从西方静物画与中国博古画之比较看孔小瑜的新博古画　/83

中国波普艺术之父——谢之光　/97

中国文人画中的凡·高——王康乐　/109

中国抽象表现主义书法的始创者——赵冷月　/123

从任伯年到莫迪里阿尼

任伯年的绘画发轫于民间艺术，技法全面，山水、花鸟、人物等无一不能。他的学画则从画像开始，最早是受其父任鹤声影响。任鹤声早年是民间画工，"善画，又善写真术"，后"设临街肆，且读且贾"，在萧山开米店维持生计，因感到生活艰辛又没有保障，便把"写真术"传授给儿子任伯年，以便其日后有手艺可以谋生。任伯年十来岁时，一次家中来客，坐了片刻就告辞了。父亲回来问是谁来，他便拿起纸来，把来访者画出。父亲看了，便知是谁了。这说明任伯年少年时就掌握了写真画技巧。

阿梅代奥·莫迪里阿尼（Amedeo Modigliani）出生于意大利，父亲是商人，家境颇为富裕。对他影响最大的是母亲，这位荷兰哲学家后裔有着良好的教养，对他的艺术之路起着重要作用。自幼体弱多病的莫迪里阿尼常随母亲前往各地疗养，总是与美术馆、博物馆等为伴，大师杰作成为他最重要的启蒙恩师。十八岁时，他进入佛罗伦萨美术学院，后转入威尼斯美术学院。1906年，莫迪里阿尼来到巴黎，正式开启艺术家的一生。

中国的"写真术"并非我们想象中的"写生"，是一种目识心记的"默写法"，作为求生技艺的写真术，是任伯年最初接受的美术教育。从小学习"写真术"技法，无疑培养了任伯年极强的造型力和观察力，为日后的人物画创作打下了扎实的基础，并逐步引导他走上了成为一名艺术家的道路。

元代陶宗仪就提出画"写真术"要"彼方叫啸谈话之间，本真性情发见。我则静而求之，默识于心，闭目如在目前，放笔如在笔底"。如果让对象静坐不动，目不斜视，必然矜持拘谨，感情个性不易表露。可见中国绘画中"写真术"的训练方法一开始就已经跳出了"像"的范畴，而西方学院派的绘画基础——"素描"的教育至今仍停留在"像"的基础上。莫迪里阿尼前期的作品也是一样，善于捕捉人物的面部特征，观众一看就知道描写的对象是谁，但又感觉似像而非像，画面以表达人物的

徐悲鸿 《任伯年像》

任伯年早年写真作品

莫迪里阿尼 《保罗·亚历山大肖像》 1912年　　　　　任伯年 《酸寒尉像》（局部）

情绪为主。1907年，莫迪里阿尼加入了巴黎大皇宫的秋季沙龙，开始对作品进行新的尝试，如《保罗·亚历山大肖像》中除了面部，其余部分都被大面积地虚化了。在笔者看来，这种"虚化"犹如任伯年笔下的"泼墨"，通过强烈的虚实对比，更加凸显了人物的面部表情所传递出的情绪，这在莫迪里阿尼的前期作品中非常多见。可见东西间在对人物肖像画的创作上虽观察方法不同，但目的是一样的。

据载中国人物画在夏商就已出现，以服务于统治阶级的需要为目的，到了周代强调礼法，连日常穿衣戴帽都赋予了各种意义，因此中国传统人物画的创作在观念上受到传统审美观和道德观的影响，一直是"戴着

北宋画家张择端创作的风俗画《清明上河图》(局部)

镣铐跳舞"。"戴着镣铐跳舞"是德国思想家、诗人歌德的著名观点之一,寓意是有束缚不能自由发挥。任伯年也不例外,卖画为生的他在观念上不能随心所欲,但他并没有停留在悲叹之中,而是积极寻找技法上的突破,正如教育家钱梦龙所说:"戴着镣铐也要跳好舞。"

在任伯年的艺术道路上不得不提的是与中国最早的西方美术教育机构土山湾画馆的图书馆主任刘德斋的一段友情交往。刘德斋以画油画而闻名,曾传授任伯年素描技法和透视学,画人体模特,教他如何使用西洋颜料,并赠送3B铅笔给任伯年,要知道当时的中国还没有铅笔,土山湾画馆的出现使任伯年对西洋绘画有了实践性的了解,在绘画观念和

《清明上河图》中的人物形象　　　　　　　　　任伯年　《仲秋之吉》

技艺上无疑又打开了一扇窗。

　　任伯年的绘画在中后期进入了一个新的阶段。他的人物画继承了明清以来的绘画传统，在笔墨上展露出灵动而自由的风采，从而不再是传统规定下的笔墨刻画，而是自我主观的笔墨形式。他最具有成就的是把中国的风俗画从传统中解放出来，提炼出概括的、具有表现力的线条，赋予了民间绘画以文人画的格调，把中国人物画提升到了一个新的美学高度。郑午昌在他的《中国画学全史》中是这样评价任伯年："花卉喜学宋人双钩法，山水人物，无所不能，兼善白描传神，一时刻集而冠以小象，咸乞其添毫，无不逼肖。橐笔沪上，声誉赫然，与胡公寿并重。"

莫迪里阿尼 《艺术家的妻子》(《珍妮·赫布特尼肖像》) 1918年

《艺术家的妻子》（局部）　　　　《仕女图》（局部）

任伯年　《仕女图》　1884年

再看意大利的莫迪里阿尼，他年少时虽遭遇家族破产，但出身富贵的他骨子里仍保留着那股傲气，不只是傲气，而且是一匹狂傲不羁没有镣铐的野马。二十二岁的他只身前往艺术之都巴黎，没有多少人懂他的画。他也完全不懂如何与方方面面重要人物，如与评论家、策展人和收藏家打交道。对那些并不了解他艺术的有钱人，他往往不以为然，甚至当面取笑和拒绝，因此能卖掉的画非常有限。在他贫穷多病、狂傲自负的外表下，隐藏着怀才不遇的自卑与绝望，他靠酒精和药品麻痹自己，但就算画卖不出去，他也一直坚守自己的绘画理念。1909年到1914年，他发现了非洲雕像中原始简化的美，这些异国的雕像让他有章可循，莫迪里阿尼将这种简化又夸张的手法运用于画作，形成符号化的人物造型，又下意识地把素描轮廓线凸显于画面，线条与渐变形成的具有体量的色彩相融合，使作品整体呈现出一种游离于平面与立体之间的感觉。

莫迪里阿尼 《珍妮·赫布特尼肖像》 1918年

《珍妮·赫布特尼肖像》（局部） 　　　　《仕女图》（局部）

任伯年 《仕女图》 1884年

莫迪里阿尼生命的最后五年是他创作的爆发期，后期作品完全抛弃了对人物情感的挖掘，他将这项内容清除掉，把人物对象从具体的环境、时间甚至现实中抽离了出来。面部特征被面具化了，观者一看就知道是莫迪里阿尼的作品，却未必知道画的是谁，模特成了一个被剥去了全部特征和心理活动的人像符号，在中国传统审美观中形成的仕女形象又何尝不是这种符号化的表象呢？只是中国画中的仕女多了双能洞察心灵的眼睛。尽管莫迪里阿尼很多作品中不画眼睛，就连他的自画像也没有眼睛，然而你却无法忽略画作中的眼睛，莫迪里阿尼曾说：当我了解你的灵魂时，我会画你的眼睛。把绘画上升到哲学的范畴这或许是他出身贵族的荷兰哲学家后裔的母亲带给他的。从传

莫迪里阿尼 《桃红色上衣的女子》 1919年 　　任伯年 《仕女图》（局部）

统中国文人画的审美哲学出发，这是莫迪里阿尼想要呈现给我们的"留白"之处。在这里传递出来的是画面中灵魂和内心的气口。清代书画家笪重光说："空本难图，实景清而空景现。神无可绘，真境逼而神境生。位置相戾，有画处多属赘疣。虚实相生，无画处皆成妙境。"莫迪里阿尼生前一直拒绝被定义流派，因为莫迪里阿尼只有一个。

两位大师都有一位大师级挚友。任伯年比吴昌硕大四岁，任伯年既是吴昌硕的老师，也是吴昌硕的友人，他曾对初学绘画的吴昌硕说："子工书，不妨以篆籀写花，草书作干，变化贯通，不难其奥诀也。"吴昌硕没有辜负他这位老师的良苦用心，终成一代金石书画大师。他曾这样评价任伯年："名满天下，余曾亲见其作画，落笔如飞，神在个中。"浙江省博物馆藏有任伯年《酸寒尉像》轴，写吴昌硕着官衣立像，极其传神。

莫迪里阿尼比毕加索小三岁，毕加索称霸巴黎艺界，但是不羁

任伯年 《仕女图》 1871年

酸寒尉像
光緒戊子八月昌碩屬伯年畫

何人畫我酸寒尉蓋裘中老不類舊泥絮立意自當似歠饘一家歸去年年飢肩天飢肩天風雪今年支樹酸寒喊蒼鷹搏擊加不舉踞之風前側西湖高秋九月百草枯野壙虺蛇蚖戶闞了痕跛偃周人畫邊章自庭江平與廚別終日唯六思時有時典裘無功不成醉歸如畫嘉蕪飯我如薑不登廚年四十饒精神萬一春雷起地震擺戞味棄筆硯定顧尉篆狂名繫羹昉等人倫未陰什騰且雖筆世間養个孟東野會見東方騎善鐵道人巨丁千雪楊峴題

任伯年 《酸寒尉像》
1888年

任伯年　《任淞云小像》

的莫迪里阿尼从来不服他，有时还故意挑衅，气得毕加索直呼莫迪里阿尼是"一个疯狂的意大利混蛋"。但是随着彼此的深入了解，毕加索越来越欣赏莫迪里阿尼的才华。毕加索甚至还在大雪纷飞中参加了莫迪里阿尼的葬礼，墓碑上镌刻着："阿梅代奥·莫迪里阿尼——不走运的画家在荣耀即将降临之际被死神召去。"毕加索晚年在病榻上时，嘴里仍念着莫迪里阿尼的名字。也许这个名字对毕加索来说，意味着激荡的青春与才情。

任伯年出生于 1840 年，莫迪里阿尼出生于 1884 年，拿现在的话说任伯年与莫迪里阿尼都是 19 世纪的"职业画家"，都从儿时起学画且又都喜雕塑。任伯年在二十三岁时与父亲任鹤声逃难，于途中惊恐不安、饥寒交迫，不幸染上肺病，父亲也遇难。在双重打击之下，使他身心受到严重伤害。他靠卖画为生，时而以鸦片镇痛肺部，遂染上毒瘾。

莫迪里阿尼 《女人头像》

任伯年 《钟馗图》　　　　　　　　　　　莫迪里阿尼 《利奥波德·兹博罗夫斯基》 1916—1919年

五十五岁时因巨额财产被骗,不胜其苦,卧病哀悲。1895年十一月四日(公历12月19日)病逝于上海。莫迪里阿尼自幼体弱多病,成年后怀才不遇,穷困潦倒,患有严重的精神疾患,终日沉迷酒精、毒品,摧毁了他的健康,最终病逝于1920年1月。任伯年享年五十五岁,而莫迪里阿尼则更短,享年三十六岁,真是可悲可叹。但他们在各自的艺术道路上都应了莫迪里阿尼生前的那句话——"短暂而完美的一生。"

中国文人画中的表现主义宗师——黄宾虹

西方的表现主义（Expressionism）首先出现在美术界，然后在音乐、文学、戏剧以及电影等领域得到重大发展。表现主义受到尼采的主观唯心主义哲学的影响，起源于20世纪初的德国，流行于北欧。表现主义绘画忽视对描写对象的形式描写，强调艺术家的主观情感和个人感受，以及对社会和文化问题的关注，从而对客观形态进行夸张、变形乃至怪诞处理的一种艺术手法，用以发泄内心的苦闷，是对传统价值观和社会现实的不满和反抗。

表现主义形成于1905年，以1905年至1925年的德国和奥地利为中心，这一时期德国从"摩洛哥危机"到第一次世界大战，再到希特勒的"啤酒馆事件"，正是战事不断、社会动荡的时期，可见西方的表现主义诞生于乱世之中。

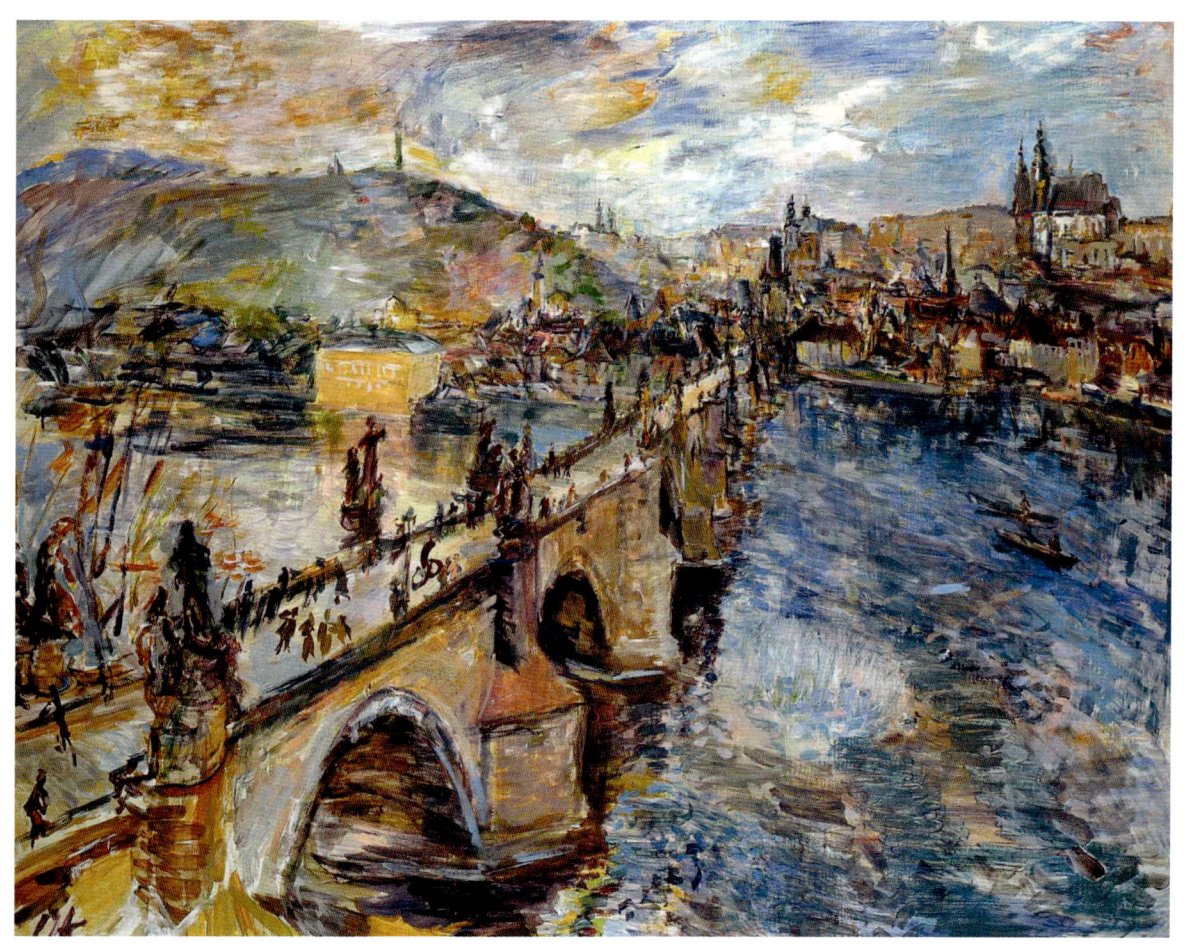

奥地利表现主义画家、诗人兼剧作家奥斯卡·柯克西卡（1886—1980）于1934年创作的《查理大桥》

黄宾虹像

　　黄宾虹绘画风格的形成也同样处于乱世。黄宾虹出生于1865年，卒于1955年，祖籍安徽歙县，生于浙江金华，在世九十年，一生从甲午战争、辛亥革命、北伐战争、抗日战争，一直到中华人民共和国成立的八十四年间经历了多次政治、经济和社会变革，走过了艰辛的人生历程。

　　黄宾虹是画家，是史论家、教育家，还是一位反清革命者和爱国主义者。1895年，他致函康有为、梁启超，阐述自己支持变法的见解，认为"政事不图革新，国家将有灭亡之祸"。他还在家乡与当地武举人共同设立了教场，聚众习武，痛陈国事，成立武装队伍，志在反清。戊戌变法失败，谭嗣同引颈就义的消息传来，黄宾虹痛哭流涕。1907年冬，为了扰乱清朝的币制，同时也是为解决革命经费短缺，他建炉铸币，暗中支持革命党。不久，被人告发，黄宾虹遭到清廷通缉追捕，不得已潜逃到上海。

　　黄宾虹在上海加入了以"研究国学，发扬国光，以兴起人之爱国心为宗旨"的国学保存会，和友人创办编撰了《政艺通报》《国学丛编》等书刊。1909年，黄宾虹又加入了柳亚子所倡导的中国第一个革命文学团体——南社，宣扬革命，倡导民族气节。1911年辛亥革命爆发，黄宾虹参加了上海商团起义。上海宣布光复后，黄宾虹还亲手制作了一面大白旗高悬于自家屋顶，以示庆祝。然而，袁世凯复辟帝制的行径却像一盆冷水兜头浇下，黄宾虹心灰意冷。也就是在这个时候，五十岁后的黄宾虹，放弃之前以清末民初流行的"新安画派"为宗的以干笔淡墨、疏淡清逸为特色的"白宾虹"，在表现手法上寻求突破，寻找属于自己的新语境。一直到1925年黄宾虹六十岁时自我风格逐步形成，其作品开始忽略对描写对象的形式描写，强调个人的主观感受，通过内部主观世界，间接或曲折地表达对外部客观世界的反映，这与西方表现主义在表现形式上有异曲同工之处。八十岁后，其画风以黑密厚重、黑里透亮为特色，被称为"黑宾虹"。

　　虽然，黄宾虹与西方表现主义画家身处于同样战火纷飞、局势动荡不安的社会背景之中，同样有对现实社会的不满与抗争，但两者在绘画中的思想境界又是截然不同的。

"白宾虹"时期作品《芙蓉江馆图》　　　　　"黑宾虹"时期作品《画中有诗》

　　"道"是中国古代的哲学思想，中国画中的哲学思想"道法自然，天人合一"也源于此，认为人是自然的一部分，人的行为和思考应顺应自然的规律，黄宾虹的作品是借对山水的自然感悟来表达人与自然的和谐关系，是用宏观的思维来认识现实。1946年，黄宾虹在给傅雷的信中说道："艺术救国，即遏人欲于横流，俾循理自然中，无所勉强，诚为急务。尊译法国名著，谅多裨益艺术方面居多，得有趋向方针，以为长治久安之计。"黄宾虹以追求"长治久安"的文艺教化使现实的民众精神升华为"自然之道"。传播古代圣哲的人文精神，实现对人类"物欲"和战

奥斯卡·柯克西卡 《红色的鸡蛋》 1940—1941年

争的精神救赎也是当代世界的文化主题。而西方表现主义则是否定现实世界的客观性，作品用扭曲和抽象化的手法来表达对现实社会的不满。

黄宾虹长期搜集、收藏和研究古玺印，不仅影响到他自身的篆刻创作实践，同样也影响到他的绘画。黄苗子曾将赵之谦、吴昌硕、黄宾虹的绘画用笔比较后认为，如果说赵得力于魏碑、吴得力于石鼓的话，那么黄宾虹则得力于钟鼎、玺印。黄宾虹的山水画意境高古，其审美旨趣正是来自于对上古器物和古玺的研究所得。黄苗子认为苍茫浑朴的三代之气，竟慢慢渗透进黄宾虹的心中腕上，乃至成为推动其山水画画风发展的因素之一。

黄宾虹作品中最大的特点就是"黑"。七十岁后是黄宾虹作品的成熟期，八十岁后他更是把这种"黑"发挥到淋漓尽致、登峰造极的地步。黑与白本身就是中国哲学的底色，而中国画就是运用了对万物高度抽象后形成的黑中有白、白中有黑的黑白关系来表现宇宙万物中相互作用、互相转化，生生不息，永无止境的阴阳关系。

奥斯卡·柯克西卡 《狩猎》

  表现主义则意在使用颜色的冷暖对比来传达感情。而黑与白在现实世界中是没有颜色倾向的，黄宾虹在作品中深度解析了中国画中黑与白的运用关系，把从黑到白，不同层次的变化内化为自我情感的冷暖世界，通过貌似狂乱扭曲却井然有序的线条以山水画的形式来表达自我主观的情感，是对时间、生命和宇宙本源的思考，作品"黑、密、厚、重"，浑厚华滋的画风基于感觉，而不基于理智，是情感冷暖的交织，是岁月无尽的轮回。

  黄宾虹出生于徽商家庭，其家境优裕，因家族交际广泛，年轻时就得以广拓艺术视野，看遍名家手笔，收藏名家书画，并开启了"外师造化"之路，"外师造化，中得心源"是唐代画家张璪提出的，"造化"即大自然，"心源"即作者来自内心的感悟，意为艺术创作来源于对大自然的师法，要将自然之美转化成内心的感悟才是艺术之根本。郑午昌尝言："老友黄宾虹质，字朴存，精鉴别，谈艺论画，著述等身。善画山水，中锋捷扫，若不经意，而古趣盎然，盖胎自渐江，振美新安，非囿于时习者所能知也。近年间写花卉，亦不拘常格，富妍雅趣。年七十余，健实如四十许岁人，好游山水，西南之白云桂林，东南之天台雁宕，无不游之再三。去秋，

冷溪之上有石門寺石梁陡入嘉陵水梁壩以通津渡 辛卯八十捌 賓虹

黃賓虹
《冷溪石門寺》
1951年

且溯江入蜀，饱览岷峨诸胜。所至作画赋诗，兴殊豪，华阳林山腴，赠以诗，有云'宾虹生长黄山麓，七十看山苦不足。南逾五岭东雁宕，一棹而来更入蜀………上峡画稿束笋多，巫峰十二连三峨。诗中有画画中句，肯让巴船出峡歌'云云，皆实录也。"

五十岁之前，黄宾虹临摹了大量的古人经典之作，并总结出了学习传统绘画的规律，他说：先摹元画，以其用笔用墨佳；次摹明画，以其结构平稳，不易入邪道；再摹唐画，使学能追古；最后临摹宋画，以其法变化多，他不但临摹中国画，还用中国画的材料临摹了一些西方的油画和水彩画，在为同时代著名画家陈树人的译述作品《新画法》撰写序文时，他提出了"沟通欧亚画学"的设想。所有发生的这一切都为他今后艺术道路上所取得的成果种下了前因。

当然，黄宾虹的"由白到黑"之路曾经受到冷落。好友郑午昌则力挺之，他曾致信黄宾虹，言其所见"黑画"黑度不够，欲求一幅黑到无可黑的作品予其欣赏，黄宾虹闻之大喜，立即挥毫相赠。不过，面对自己被冷落的黄宾虹倒也不以为意，反而豪言："我死后五十年，我的画会热闹起来。"2014年，黄宾虹晚年所作《南高峰小景》在拍卖会大放异彩，此件巨制为黄宾虹赠与曾任交通部长之职的爱国人士章伯钧先生。此画是为黄宾虹晚年之绝唱，如此大幅晚年巨制，只有陈叔通旧藏《黄山汤口》能与之媲美。而这件《南高峰小景》也创下了宾翁"润格"之最，应了他的自我预言。

黄宾虹还十分重视中西方的艺术交流。1939年2月，黄宾虹收到美国芝加哥大学中国画学教授德里斯珂（Lucy Driscoll）的第一封来信，叩响了他"沟通欧亚画学"之门。德里斯珂在读了黄宾虹1940年著作的《画谈》后对黄宾虹的学识钦佩不已，她认为黄宾虹的研究"如能阐扬得法，广为介绍，则足以影响吾西方画学今后之发展"。黄宾虹一生中与之深度交流的重要欧美汉学家不少于十几位，其中包括美国的德里斯珂、福开森（John C.Ferguson），德国的孔德（Victoria Contag），瑞士的喜龙仁（Osvald Sirén），法国的伯希和（Paul Pelliot）、马古烈（Georges Margouliès）等人。黄宾虹与他们往来通信数十载，以中国

黄宾虹
《舟入溪山深处》
1952年

黄宾虹
《黄山图》
1951年

《黄山图》（局部）

画论交流中西艺术，并站在人类艺术精神的本原"道"的基础上提出了"画无中西之分"的说法，他将中国艺术的民族性独立于强势的西方艺术之外，又看到了中西艺术的共同归趋，《中国绘画全史》的奠基人郑午昌说过"中国画具有世界和平感化力"，而黄宾虹正是把这种感化力引向了世界，为20世纪中国美术史学走向世界作出了不可磨灭的贡献。

黄宾虹在弥留之际，还吟出清代彭元瑞的名句："何物动人？二月杏花八月桂；有谁催我？三更灯火五更鸡。"这是他平生所爱所求的终结，也是他对深深眷恋着的祖国山河的最后表白。黄宾虹是一位尊重传统而不为传统所束缚的艺术家，为传统中国文人画带来了新的活力和创造力。他的美学思想和实践为当代艺术提供了启示，并影响和推动了中国美术史的发展进程。

黄宾虹
《仿宋人山水》

从西方现实主义再到象征主义看王一亭的人物画

王一亭（1867—1938），浙江吴兴（今湖州）人，名震，号白龙山人。生于上海周浦。自幼受外祖母影响酷爱绘画，十二三岁时，画名已传遍周浦镇，被视为少年奇才。1880年，十三岁的他在上海裱画店"怡春堂"当学徒，后得宁波富商李云书赏识，在其钱庄任职，并学习外文后经营南北洋航线海运业。王一亭是清末民国著名民族资本家、上海三大买办之一，两次任上海总商会会长、中国佛教会会长。他还是一位大慈善家，曾资助辛亥革命和讨袁的二次革命。

在中国书画史上，王一亭早年拜画家徐小仓为师，后得任伯年亲授，其人物、花鸟、山水无所不能，尤以禅佛题材最为擅长。《蜜蜂画集》人物小传里这样介绍王一亭："善人物花卉鸟兽，写佛像出水飘风有晋唐气息，可称为今之吴道子。花卉鸟兽一路兼参石涛、八大山人，笔力雄厚，有叱咤风云之概。据说'东瀛人士得其寸楮尺缣珍若拱璧'。中年信佛，好为善举，频年赈济灾荒不遗余力。"

王一亭像

俄罗斯画家列宾于1870年至1873年创作的现实主义题材作品《伏尔加河纤夫》

法国画家库尔贝于1854年创作的现实主义题材作品《筛麦》

德国版画家珂勒惠支约创作于1924年的现实主义题材作品《饥饿》

现实主义画派与法国二月革命同期，始于1848年，兴起于19世纪的欧洲，现实主义从字面上理解就是描绘现实世界中真实存在的对象，严格地、真实地、客观地、不加任何修饰地再现现实世界。其基本特征是反叛传统的历史题材、神话与宗教主题以及所谓的英雄史诗，而将目光放在现实的、非理想化的普通生活上，作品往往以社会底层人物为主人公，满怀同情地描绘他们的处境，具有批判性，所以也叫批判性现实主义画派。

从西方现实主义的角度看王一亭，其1917年所作的《洪水流民图》可谓是中国文人画进入批判性现实主义画派的第一人。清末民初是一个翻天覆地的政治变革、社会转型、中西方文明融合与冲突的时代。社会政治经济的大变革给风雨飘摇的中国文化艺术带来深刻影响。在新文化运动中，1917年，康有为的《万木草堂藏画目》提出了必须变革中国画的观点，到1919年，吕澂和陈独秀对传统描绘现实能力的不满而批判文人画，提出"美术革命"。然而在这历史巨变的转折时期，王一亭先生不但用现实主义的笔触去画了，更难能可贵的是他还去做了。

1917年是民国历史上最严重的灾年之一,当年夏秋开始,华北、东北、中原、西南诸省相继爆发洪水,尤以华北即今天北京、天津、河北的洪灾最为严重,被时人认为是至少三十年中最严重的一次。1917年水灾期间,正值社会动荡,国民政府无力投入救灾活动,到9月底,才任命熊希龄为水灾河工善后督办,所支出救灾款项还不足三十万元,因而救灾和善后全赖各地绅商组织和民间慈善机构。同年9月8日,上海中外政商界人士成立"京直奉水灾义赈会",王一亭被推举为总务,直接参与了赈灾工作,完全承担了"唐山、隆平、柏乡、任县"等地的赈款、赈资。这幅《洪水流民图》是王一亭先生专为赈灾活动而作,后又将之做成铜版画进行复刻,直接投入到当时的慈善活动中作为宣传和募捐义卖之用。之后又创作了《流民图册》等多幅以赈灾为目的的作品。

在1919年《流民图册》首页的启事中,王一亭云:"古无绘图以筹赈者,有之自郑侠《流民图》始。"此幅王一亭创作描写灾情的《洪水流民图》利用印刷技术大量印刷、面向公众广泛散发劝赈,然此举并非个人独创,是延续了始自宋代以图劝赈的传统,也直接承袭了清末民间慈善前辈的劝募方法。但王一亭的《洪水流民图》在表现手法上突破了传统流民图单一的白描样式,把前人仅通过叙事性的手段用图解的形式来描绘饥民惨境的绘画方式上升到了文人画的艺术形态。他首次用传统文人画的立轴式画幅和带有情绪性的笔墨来表现社会现实,让观者为之动容。《洪水流民图》上方的长篇题跋完全也不是传统文人的自我感怀:"洪水横流田变海,哀鸣遍野起悲号。天心果欲留人种,忍见饥民负母逃。世间祸福凭人造,后果由来先种因。自古济人还自济,快将衣粟济饥民。近来京、直、奉、河南、四川等省洪水暴发,灾区之广,灾民之苦,为数十年来未有,顾降灾虽由于天心,而救灾端赖求人事。兹将灾情绘成此图,以供诸君子一鉴。"

王一亭以七言闵灾诗句开头,诉洪水灾祸之苦,发劝人赈济之言,之后以白话文介绍了1917年受灾范围广度和灾情的严重性,并说明

王一亭 《洪水流民图》 1917年

明 杨东明 《饥民图说》

图画目的是为供"君子一鉴",希望读画者能为饥民捐助衣粮。以文人画的方式创作"流民图",是王一亭先生对其画家身份的坚持,也是传统文人画在内容和形式上的一次变革,是中国文人画发展史中极其重要的一环。

在清末画家中王一亭是唯一能说外语的画家,这使他的视野要比其他画家更开阔,在表现形式上巨幅的人物题材作品极具视觉冲击力,开文人画之先河,放在今天可与当代艺术媲美,但在技法上他始终没有脱离传统笔墨的土壤,他不仅是传承者更是创造者,正如中国"新国画"理论的奠基人郑午昌在他的《国画必须革新,怎样革新?画家今后应有的抱负》的文中所说的那样:"国画内容应有时代性,自己身为美术家,无论是山水或是人物都应该选择现实生活中的题材,但不能脱离国画的趣味。缺乏艺术形式的绘画,无论政治内容上怎样进步,也是没有力量的。"

象征主义是19世纪流行于欧洲(主要是法国)的艺术思潮和运动。欧洲兴起了诗歌与绘画融合的新潮流,象征主义画派吸收了大量来自象征主义思想家和诗人的作品,这倒是应了中国文人画中诗、书、画相结合的特点。象征主义者认为自己所生活的世界是痛苦而虚幻的,而理想中的世界才是完美而愉快的。象征主义的哲学基础是神秘主义,信仰那种理想的彼岸世界。对象征主义来说,重要的是反映个人的主观感觉,使个人从现实中超脱出来。

王一亭是虔诚的佛教徒,曾任中国佛教协会会长,1917年,时年正值五十岁,孔子曰"五十而知天命","天命"就是我们今天讲的因果报应。王一亭曾在画作中自题说:"五十后习禅,每日写佛一帧。"加之他时常往来东京之地,所见禅画甚多,受日本绘画影响,直至晚年创作了大量以佛教为题材的作品,如无量寿佛、观世音、达摩、布袋和尚等。所作佛像无不行笔大气,超尘绝俗。

19世纪初的中国自然灾害频繁,政治局势动荡不安,他试图让自己进入一种理想的彼岸世界,可以说此时的王一亭的佛教系列人物画从现实主义画派跨入到了象征主义的范畴。以王一亭当年的财力按现在的话说在大灾大难面前他大可选择"躺平",择一处净土,终日吃斋念佛,休养身心,然而他却没有选择逃避,更没有怨天尤人,而是继续积极地,

法国象征主义画家奥迪隆·雷东于1904年至1907年创作作品《佛陀》　　　　　王一亭　《无量寿佛》　1923年

不辞辛劳、不计得失，全身心地投入到他的慈善事业中去，先后参与策划、创办了上海孤儿院、中国救济妇孺总会、上海慈善团、上海游民习勤所、上复善堂等十多个上海最有影响的慈善组织，并担任国民政府赈务委员会常务委员、中央救灾准备金保委会委员长、上海慈善团体联合救灾会、上海国际救济会等社团要职。

　　王一亭以佛教徒身份组织、参与了一系列诸如超度亡灵、祈祷和平、息灾施医等慈善活动。吴昌硕在《白龙山人小传》中曾动情地说："以慈善事业引为己任，绘图乞赈，夙夜彷徨，不辞劳苦，于是四方之灾黎得以存活者无算。"贯穿其一生，王一亭终生不渝地践行书画艺术、慈善事业

奥迪隆·雷东 《佛陀》 1904年　　　　　　　　王一亭 《面壁图》 1934年

与信教敬佛。他一直嘱咐家人，卖字画所得钱款需单列，全部用于慈善救济，个人和家庭不准动用分文。他信佛，却不排斥道教乃至天主教、基督教等洋教，凡是慈悲为怀、劝人为善、造福于世的他都乐于接受。

王一亭也是一位具有国际主义精神的慈善家。1923年日本关东大地震期间，他即与朱葆三等人在《申报》上刊登《救济日本大灾召集会议通告》，并及时垫募，不遗余力地参与抗震救灾，被日本民间誉为"王菩萨"。他以佛教教义的核心"慈悲观"感动了众生。王一亭在上海的"梓园"，就是日本天皇特赠的褒奖之园，因为王一亭在日本大地震后"慨然捐款、援救甚力"。1983年王一亭墓迁于吴县洞庭东山杨湾时，日中友好协会

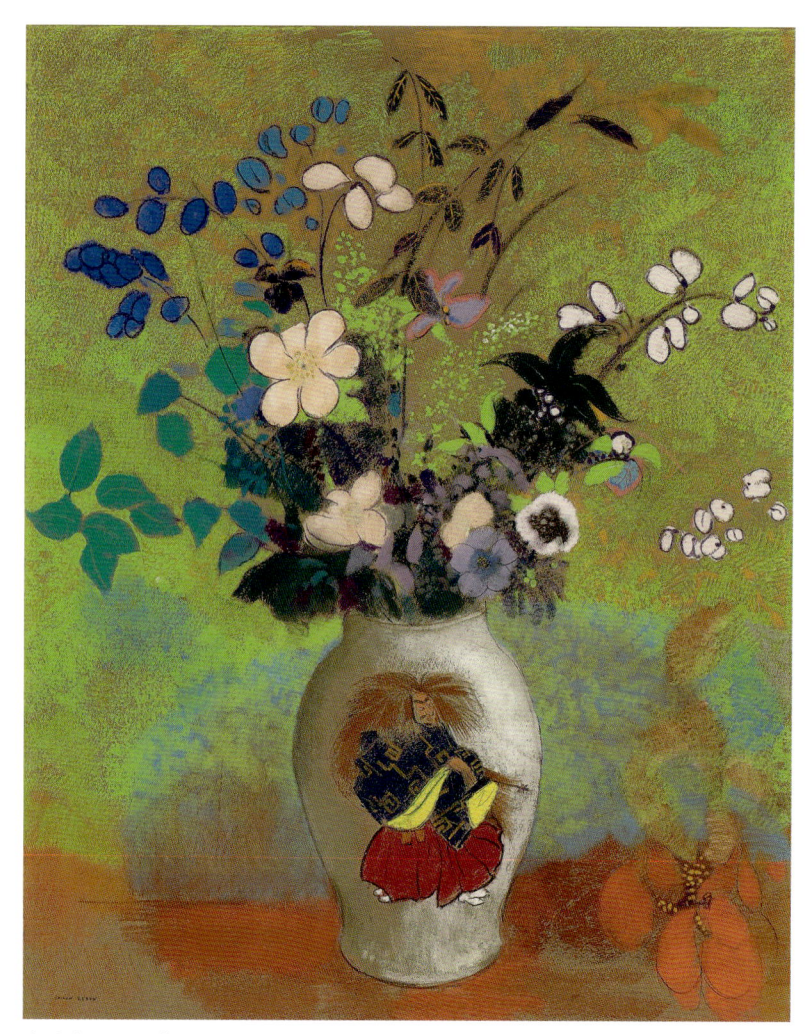

奥迪隆·雷东 《花瓶与日本武士》 1905年

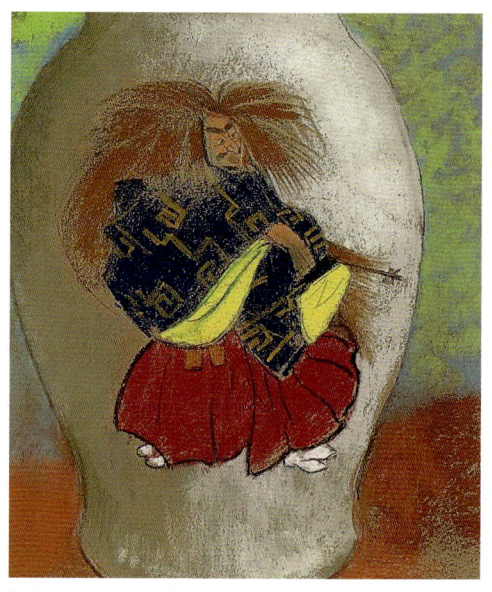

《花瓶与日本武士》（局部）

王一亭 《喜从天降》 1919年

会长宇都宫德马题词"恩义永远不忘记"，以示感激当年救济之情。但是，在淞沪会战后，日军全面占领上海，王一亭坚辞不任伪职，尽显高风亮节。王一亭逝世后，重庆国民政府明令褒扬公葬。蒋介石题送挽联曰："当飘摇风雨之中弥征劲节，待整顿乾坤而后重吊斯人。"

奥迪隆·雷东（Odilon Redon，1840—1916）是19世纪末象征主义画派的领军人物，也是版画家，生于法国的波尔多。雷东热衷于印度教与佛教的宗教文化。东方佛祖的形象越来越多地出现于他的作品中。日本主义的影响融入了他的创作，例如1899年前后的作品《佛祖之死》、1905年的《雅

从西方现实主义再到象征主义看王一亭的人物画 35

菜滓遺羹
坐食堂神立
物我兩相忘
千年佛像
鐫吳碣頂禮
庚午冬泊野
航甲子夏弟一亭

王一亭
《拾得图》
1924年

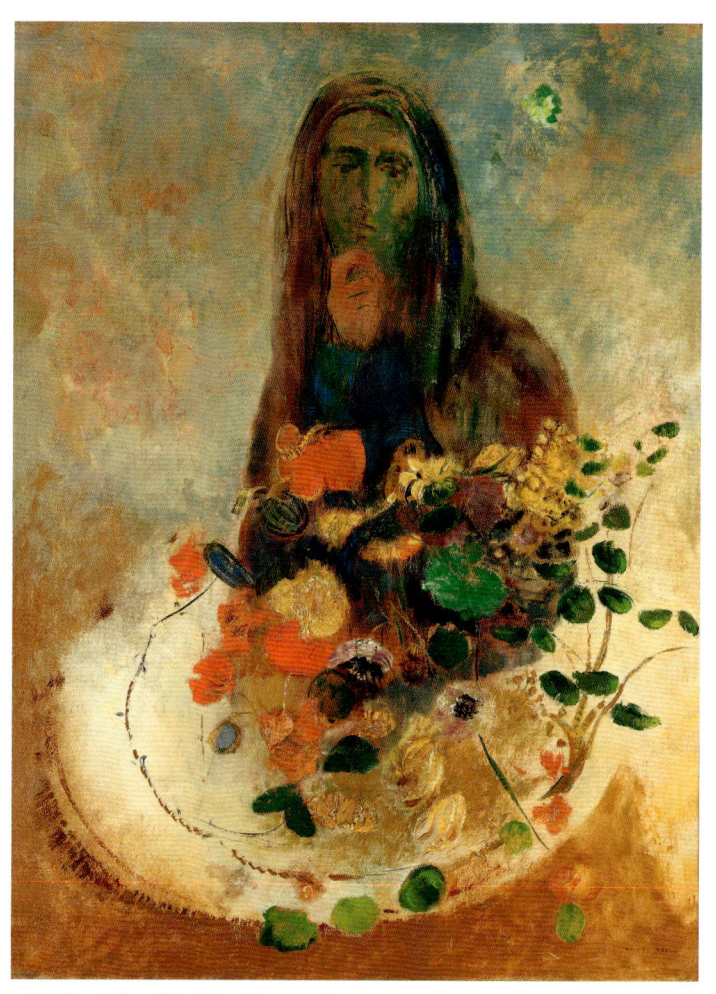

王一亭 《玄帝像》 1920年　　　　　　　　　　　　奥迪隆·雷东 《神秘》 约1910年

各与天使》以及《花瓶与日本武士》、1906年的《佛陀》等，雷东一生绘制了许多与个人信仰有关的作品。王一亭也曾尝试画油画，用油画的形式来表现心中的佛陀。

　　现实主义和象征主义是相互对立的，却又是人的心智走向成熟的过程，俄国象征派领袖人物、诗人、评论家巴尔蒙特说过："现实主义者永远是单纯的观察者，象征主义者则永远是思想家。"具体的生活像激浪一样，把现实主义者卷走，他们在这种生活之外什么也看不见，而与实际生活隔绝的象征主义者，则仅仅把生活看作自己的幻想，他们从窗口向外观察生活。这是因为每一个即使最小的象征主义者，也要比每一个即使最大的现实主义者年长。这一个还在作物质的奴隶，那一个已进入了理想性的境界。

新文人画派集大成者——郑午昌

郑午昌（1894—1952），名昶，号弱龛，别署且以居士、丝鬓散人、墨鸳鸯楼主。一条剡溪养育了七龄神童，一条黄浦江见证了一段中国美术史上吞吐风云、收纵开阖的人生传奇。

郑午昌少时以李白"布帆无恙挂秋风"诗意之《剡溪秋泛图》开笔，后考入杭州府中学堂，与徐志摩、郁达夫成为同窗。受新文化运动思想影响，遂使三人日后终成中国新文化的新标杆：新国画派郑午昌、新月诗人徐志摩、新文学作家郁达夫。由钱瘦铁题签的第一辑《蜜蜂画集》人物小传里如此推介郑午昌的绘画艺术："自幼好读书，其家富收藏，暇则临古书画，稍长寓西泠攻画亦力，山水胎息宋元，喜用水墨。仕女古媚近周昉，花卉劲逸比复堂，为当世精鉴者所推服。曾游学平津沪汉，所至辄交其贤士大夫……移家海上任中华书局编辑及审鉴书画。"

张大千对郑午昌亦是敬佩有加。其1972年侨居美国后，在《四十年回顾展自序》中，记录有一段和徐悲鸿的谈话："先友徐悲鸿最爱予画，每语人曰：'张大千，五百年来第一人也。'予闻之，惶恐而对曰：'恶！是何言也。山水石竹，清逸绝尘，吾仰吴湖帆；柔而能健，峭而能厚，吾仰溥心畬；明丽软美，吾仰郑午昌……'"

郑午昌对于绘画之所以为绘画，具有深切的正觉，又加之以精深纯熟的技巧，达到了从心所欲的境界。综观其20世纪40年代的作品，千变万化，构图用笔，各臻其妙，而无一不是合于理法。正如美术评论家陆丹林所言："我们同仁中懂得艺术的，无不公认他是有独特的作风，对于中国绘画有开继之功的。"郑午昌尝言："师古法而立我法，才不为古人所囿。"且自制印章"画不让人应有我"抒其胸襟。

郑午昌先生的作品可贵在没有一张是重复的，且山水、人物、花鸟无所不能，但又万变不离其宗，始终保持着"清厚"的自我风格，在他的作品中我们不但可以看到中国文人画历代技法的重塑，还能体会到西洋绘画的视觉感受，他提炼出中西绘画之经典，融会贯通于自己的笔下，进行再创造，这是在深厚的艺术功底和丰富的创作经验基础上的自然流露，是集大成者。

午昌先生有"郑杨柳"的美名，中国近现代著名山水画家钱松喦在

郑午昌像

梅尔尼科夫 《早春之绿》（沙爱德藏） 1980年

郑午昌 《雁度荒林月有声》 1942年

梅尔尼科夫 《在湖面上》（沙爱德藏） 1997年

总结了前人从创作实践中所遇到的难题时说："画树难画柳，画人难画手，画兽难画狗，画花难画叶。"可见"画树难画柳"为画中四难之一。午昌先生对"画树难画柳"有独到见解，他说："画树难画柳，艺苑悬为警语。其实画柳时不作画柳想，自干生枝，自枝生叶，随意写去，便无墨碍。至若千丝百丝细而不弱，密而不乱，丽而不俗，是在天分，非独人功。"午昌先生"随意写去"的不仅是柳，无论是杂树、山石，还是花

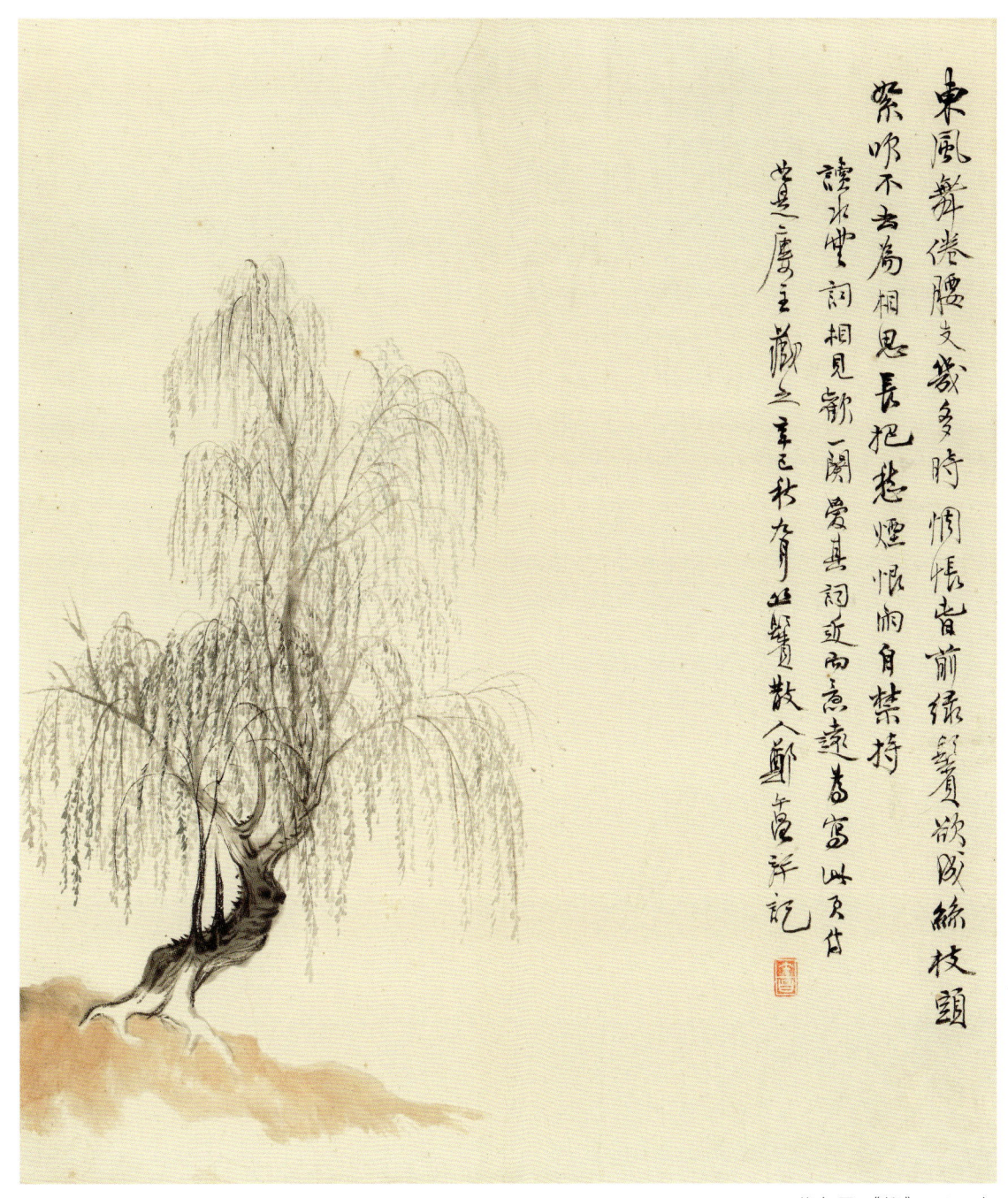

郑午昌 《柳》 1941年

卉、人物都是在"有意无意，有法无法"之中，能工能放，细谨时纤毫不爽，粗放处酣畅淋漓，午昌先生这种运用小写意的手法，"随意写去"的笔调，与同样具有小写意风格的俄罗斯现实主义画派巨匠梅尔尼科夫（A.A.Milnikov，1919—2012）的油画作品，可以做一下视觉上的比较。

莫奈 《阿让特伊的雪景》 1875年

　　雪，是宋人的留白。宋人画雪时，不用铅粉等白色颜料，而是通过背景的渲染来留出空白的雪色。午昌先生亦然。然而在表现飞雪的作品中午昌先生则在渲染的基础上用白色颜料来点出飘零的雪花，所点之处，雪花闪烁，层层叠叠，虚虚实实，雪色饱满而灵动，作品仿佛渗入了印象派油画的写实性，使观者宛如身临其境，如果说莫奈是用色彩的冷暖来表现雪色的无瑕，那午昌先生则是用黑白来表现印象派中雪色的冷暖。

　　午昌先生的人物画可细腻入微，也可简练概括，线条因人物情绪而变化，男则刚，女则柔，不仅是人物，其每幅作品的字体结构都因画中的线条而来，自成一格，却不千篇一律，字体始终与画面保持着整体的和谐性。

　　午昌先生的作品最有别于传统的是对画面空间感的营造，作品着重于运用墨色的丰富变化来强调物与物之间的空间感，其常会在画面的近景处用"没骨法"画一块黑色来表现山石，这里"没骨黑"没有具体的轮廓，被虚化了，但拉开了物与物之间的空间感，同时又使画面产生了

郑午昌 《仕女图》

新文人画派集大成者——郑午昌　43

郑午昌　《踏雪寻梅》

《仕女图》（局部）

郑午昌　《臣馗来也》　1946年

郑午昌 《踏雪寻梅图》 1949年　　　　　　郑午昌 《寒林归鸦》 1936年

虚实的变化，让观者第一眼便能聚焦于画面的主体，如同摄影中"近虚焦"的运用。这在古人的作品中是没有的，是突破性的表达。午昌先生将这种用墨色间的变化来塑造空间感的手法可谓运用到了极致，画面从整体到局部，空间感时而强烈，时而细微，所绘树与树之间，枝与枝之间，花与花之间仿佛都浸润着空气，画面中传达出的是自然流动的宁静气息，如果说画如其人，那真是应了"浓淡干湿焦，骨髓气然和"这句话。

尤其应该值得我们重视的，是午昌先生画中所内蕴的"宇宙观"。中国人的宇宙观讲究的是"天人合一"，道法自然，追求人与自然和谐共生。午昌先生尝言："画家的宇宙，比自然的宇宙更大。自然所没有的美色奇景，都在画家胸襟笔墨中。"难怪美术评论家陆丹林评价："他是用了天才和学力，替当代画坛另辟了一个庄严而美丽的宇宙。"

当然，这个宇宙观的前提当然是"行万里路"后的"师自然"。午昌先生曾"船头马背，驶心灵于元冥"，除天台、雁荡、普陀、禹陵、泉唐、天目等近乡名山之外，遍历江淮河岳、齐鲁晋冀，"每至一地，或居住宿，或留旬月，山势水态，树姿石色以及人物城野，春秋朝暮之变，风雨雪月之景，无不细察默识"。

但是，午昌先生复深一问："若一概画之，与版图何异？"他于1933年在《新中华》杂志连载的万余言《画苑新语》中写道："我以画表现我之真与实耳，岂能为天地万物役耶！画于山，则灵之，画于水，则动之，画于林，则生之，画于人，则逸之。灵也、动也、生也、逸也，固不在物，而在我也。不然，物自有真，物自有实，何必画，又何必以画传其真、写其实而始贵也？"这让我想起午昌先生山水画作品中的山石，造型奇特不凡，并非来源于生活中肉眼可及之处，我想这或许正如他所说"岂能为天地万物役耶！""固不在物，而在我也"。他描绘的是他心中的丘壑，表现的是自我的气度与胸怀，正所谓"心中有丘壑，眼里存山河"。

正是由于郑午昌师自然、师造化，从而把握着自然的真和理，"我"的性灵所感觉，便会与自然打成一片，且能利用学古的修养，来改造自然的平凡，来自创合乎自然真理的美的宇宙，也即成为超自然的艺术世界。西方后印象派用超自然的、强烈的、夸张的色彩来抒发内心的情感，午昌先

郑午昌 《梅竹图》 1936年

郑午昌
《深山抚琴图》
1942年

《深山抚琴图》（局部）

生则是把内心的情感无形地沉浸在万物之中来创造自然。

1950年，郑午昌创议组建《新国画研究会》。在"上海文学艺术工作者代表大会"上作《国画必须革新，怎样革新？画家今后应有的抱负》学术报告。他提出："国画内容应有时代性，除利用固有形式外，须随时代创造或吸收其他艺术形式来补充，但不能脱离国画的趣味。缺乏艺术形式的绘画，无论政治内容上怎样进步，也是没有力量的。"

郑午昌先生在海上艺坛素有诗书画"三绝"之称。先生去世后，午社词友倩盦吴湖帆在《锁寒窗》一词中有"真是。惊无意。怅三绝才华，悄随流水"悼之。午社八秩老友疚斋冒广生惊闻噩耗，在挽诗中写道："竟融龙年谶，谁焚象齿身。填词才不弱，绝笔画犹新。"郑午昌写就的一页页中国美术史的墨香犹闻，自己却"弃一切"的一个转身，走进了中国美术史，走进了自己笔下，诗里，吟哦再三的那个桃花源里"闲看奇云养画思"。

郑午昌
《兰亭禊事图》
1942年

陶冷月的光与库因芝的夜

20世纪初叶，中国"新国画"代表人物之一的陶冷月与俄罗斯"巡回展览画派"代表人物之一库因芝都以画月夜而得名。

陶冷月（1895—1985）原名善镛，1895年出生于苏州的书香世家，幼年即随祖母何氏学字，他的祖父陶然（号苣孙）是清代贡生，光绪年间著名的词章家。伯祖陶焘是位画家，受其影响他自幼便喜欢涂抹。父亲陶惟垂（号云叔）是晚清秀才，八岁时他开始跟随其父学习读书，十岁左右已经能够写出四百字的短文，十二岁时便考入了元和县立高等小学堂，随罗树敏先生学画。罗先生是一位兼通中西绘画的美术教师，在家中设立了绘画补习班。陶冷月以平时积攒的零用钱作为学费，进入了这个补习班，开始学习透视、光影等西方绘画知识，从小便接受了中西

陶冷月像

库因芝 《第聂伯河上的月夜》 1880年

江南畢竟出光早霓，梭柳傍水開玉苗一聲霜不下滿天明月鶴飛來

陶冷月
《碧波澄月》
1943年

陶冷月 《夜归》（水彩） 1932年

库因芝 《在瓦拉姆岛上》 1873年

文化的双重教育，之后又随美国特郎教授研习油画和水彩画。这为他日后"冷月画派"的形成奠定了基础。

1918年他被聘为湖南长沙雅礼大学美术教授。1921年春学校举办春季运动会，奖品由教师捐赠，颁奖的美籍教授拿到陶教授提供的一幅《月景图》时感觉他的作品色彩风格均偏冷，故戏称他为"Professor Cold Moon（冷月教授）"。至此师生们就直呼其"冷月教授"，陶乐而受之，欣然更名。

那一年不仅是他更名的一年，也是探索历程上重要转折的一年。他在《与江小鹣论画》一文中自述："余幼时即喜涂抹，与小鹣同。初作国画，继习西画，七年秋至长沙执教雅礼时，尤醉心欧化。辛酉以来，思折衷中西而调和之……"（《星报》1926年11月12日）而促成他立志变革创新的关键人物是蔡元培先生，1920年蔡元培在长沙的一次演讲中的内容涉及到中西美学如何兼容并蓄的问题，触动了兼长中西又有革新意识的陶冷月。在蔡元培先生的启迪、鼓励和支持下，从此走上了融会中西的探索之路。1922年，二十八岁的陶冷月辞去长沙教职，3月，经暨南大学前任校长柯箴心介绍，他被聘为暨南大学艺术教授。后又在中山大学、四川大学等学校任教，又与谢公展、吕凤子等创办南京美术专科学校。

陶冷月的水彩画和油画有19世纪西方浪漫主义风景画的成分。库因芝自我风格的形成也同时受到浪漫主义画派的影响。

陶冷月在纵览历代画史画迹后感到："我国山水画法，宏远广博，笔法章法，实超乎西国风景画之上。所不足者，远近透视之理或有所误，光阴明暗之变未能充分耳。"经不断摸索，他终于用传统没骨法绘出了既融入西画科学原理，又保持中国画意蕴的"新中国画"。1924年，陶冷月在无锡池上草堂首次举办了个人画展，这标志着"新国画派"中极具个性的"冷月画派"的诞生，接着在苏州、上海、南京等地举办了二十多次个人画展，其中一些作品还参加了"日本东京书画会""美国费城博览会"和"万国美术赛会"。

1926年蔡元培先生旅欧回国，见到陶冷月的作品十分惊喜，多年来

陶冷月 《远峰耸翠》及郑午昌题跋　1931年

自己所提倡的中国画革新主张如今得到了实践。欣然为即将出版的《冷月画集》署耑、题辞，并书订润格和书赠对联，予以褒奖。蔡元培《陶冷月先生作画润格》记有："冷月先生，夙精绘事，先民矩矱，海外见闻，分别研练，各还其是。近进一步互取所长，结构神韵，悉守国粹。传光透视，特采欧风。"1927年，苏州新中国画社出版了《冷月画集》，充分肯定了"冷月画派"在"新国画派"中的历史地位。在这一时期，陶冷月携家眷寓居上海，边卖画边教书，终其一生，陶冷月先生一直以教师的身份为国育人，他是新国画派的开创者又是传播者和推动者，是中国绘画发展史中不可缺少的一页。

《中国画学全史》的奠基人郑午昌先生在陶冷月的画上题跋："老友冷月居士好以毛笔、宣纸为江山传真，风月雨晴朝暮之景皆能以渲染之工肖其真。论者谓郎艾冷陈之徒，皆当虚左。此幅不大盈尺，而远峰耸秀，气象万千。尝过鄱阳北望匡庐景实似之，以是益佩居士之造化在手也。"题跋中所云"论者谓郎艾冷陈之徒，皆当虚左"中的"郎"指的是清代意大利旅华宫廷画家郎世宁，大意是传统认为陶冷月受到郎世宁的影响此话是空谈。近代史学家郎绍君先生在他的《不忘旧学创新图——陶冷月和他的绘画》中也说："他创造的月光意境，对幽清色调的独特处理，以及由此形成的中国式诗意和大众化格趣，是郎世宁绘画和其他融合性绘画所没有的，陶冷月在艺术史上的价值和意义也是别的艺术家不可替代的。"我认为其具体表现为以下六点：

其一，画面中不失"气韵生动"四字，"气韵生动"是对中国画的总体要求，也是中国画"六法"之首。

其二，冷月先生的画没有背离文人画的基本构成元素，以"诗书画印"相结合的特有的文人画的表现形式，以及中国画的传统尺幅。

其三，冷月先生自语"欲借西方光阴之长，以补我国之短"。他把光影遍布于山石、水面、云天之上，但他的光影并没有西画中的科学性，而是作者主观意识下的光影表现。冷月先生的画是写实又不同于写实，是在似与不似之间的文人画境界。

其四，画面总体还是以中国画中散点透视的构图方式为基础，用"天地与我并生，万物与我为一"的"天人合一"的思想境界以上帝的视角看万物，对画面中需要强调的地方则加入了西方绘画中的焦点透视，以增加画面的空间感。这种焦中有散，散中有焦，散点与焦点有机结合的构图方式是陶冷月先生的又一创举，用主观表现替代了客观再现。

其五，在技法上传承了北宋郭熙的积墨法描绘云层变幻，积墨法指山水画用墨由淡而浓、逐渐渍染的方法。北宋郭熙《林泉高致》："用淡墨六七加而成深，即墨色滋润而不枯。"又以董源用披麻皴与点子皴相结合的积墨的表现方法描绘山石和树木，由淡入手，层层皴积，笔墨含蓄而深沉，给人以植被繁盛，气候润泽之感。

其六，用西洋画中的素描关系来强化中国画中墨分"焦、浓、重、淡、清"五色的原理表现山石的体积感，和云水间的空灵感。丰富万千气象、勾勒奇石绝崖，浓云流水、崇岭沟壑，花草亭物，师法自然。

时至今日，陶冷月先生之子陶为浤先生是"冷月画派"的传承人，20世纪80年代后多次在海内外举办画展并获奖，刘海粟生前曾以"闳约深美"四字评之，他的作品在其父的艺术构架上加以拓展和变化，既不失"冷月画派"的菁华，又增添许多清静淡雅之气，父子俩被中国画坛誉为"一门双璧"。与其父同样作为教师的他，不仅是传承者更是接力者。

阿尔希普·伊凡诺维奇·库因芝（Arkhip Ivanovich Kuindzhi, 1842—1910），19世纪后期俄罗斯巡回展览画派代表人物之一。他出生并成长于乌克兰克里米亚省的海边小镇，因家境贫寒，十一岁就外出工作，当过小工，做过店员，之后师从同在克里米亚，被誉为世界海景画第一人的艾伊瓦佐夫斯基（Ivan Konstantinovich Aivazovsky）学画。

库因芝二十岁时曾两次报考美术学院名落孙山，由于他的一幅风景画《克里木鞑靼平房》在画院展览上获奖，被学院同意接收为业余绘画班学员。1868年画家马沙耶多夫提议成立"俄罗斯美术家巡回展览协会"，把美术家的作品送到首都莫斯科以外的地方去展览，以便使更多的人能够欣赏他们的作品，从而打破由皇室和贵族垄断美术、左右评论的状况。

经两年筹备，1870年"巡回艺术展览协会"正式诞生，其章程中宣

维克托·瓦斯涅佐夫
《库因芝画像》 1869年

陶冷月的光与库因芝的夜　57

库因芝 《夜》 约1908年

陶冷月 《清风水月》 1978年

库因芝 《月光之夜》 约1895年

陶冷月 《冷香夜月》

陶冷月
《暗香疏影》
1932年

布协会的宗旨是"让俄罗斯了解俄罗斯艺术",由此带来了现实主义绘画艺术的空前繁荣。巡回展览画派的形成与西方浪漫主义如出一辙,强调个性与主观感情、求新求奇、主张创作自由、个性解放和艺术独创,这使库因芝一方面致力于俄罗斯民族艺术的复兴,一方面努力将西方浪漫主义引入他的作品中。1872年三十岁的他开始形成独立风格,1875年加入巡回展览画派。1894年至1897年,库因芝领导了皇家美术学院的风景画工作室。1909年在彼得堡创办了以他的名字命名的美术家协会。

他曾两次举办个展,而每次只展出一张画,却引起前所未有的轰动和赞誉。巡回展览画派创始人和领导者画家伊万·尼古拉耶维奇·克拉姆斯柯依(Ivan Nikolaevich Kramskoy)看后直夸他的作品与众不同,对月光的表现力有其独到之处,列宾(Ilya Yefimovich Repin)称他为"善绘诗意光辉的艺术大师",被俄罗斯画坛誉为最富浪漫主义情调的大自然歌手。

俄罗斯巡回展览画派的形成与西方浪漫主义如出一辙,中国新文化运动的思想背景也不只是理性启蒙精神,更是一场推动革命与救亡的浪漫主义风潮。身处同一个时代,同一个月亮下,不同世界的两位艺术家的月夜作品,都是充满诗意的、自然的、主观的情绪表达。

从马蒂斯的『野兽派』看刘海粟

我总是试图站在历史的角度去读前人的作品，刘海粟的作品给我的第一感觉便是画面中所散发出来的强烈的"企图心"，这种"企图心"是叛逆的、具有颠覆性的，并同时表现在他艺术事业的方方面面。

这种"企图心"的叛逆与颠覆性，可视为对传统的"革命性"。如果从中西方画家的比较研究来看，我聚焦在刘海粟与马蒂斯。刘海粟（1896—1994）的革命性，我们可以将日历翻到民国元年（1912）的冬天。那年，刘海粟十六岁，成立上海图画美术院，三年后任上海美术专科学校校长。尤其是首创的大专院校男女同校，打破了封建陋习，引起社会极大的震撼。而首创的裸体女模特人体写生，更是冲决了中华几千年来的封建伦理，石破天惊。创立初期，"无时不在颠沛困难中，冷静寂寥，如与世隔，外界的同情和助力渺无所得，有如逆水行舟，艰苦奋力前进"。

当年，刘海粟和编纂《性史》的张竞生、谱写"靡靡之音"《毛毛雨》的黎锦晖并称为旧上海的"三大文妖"，这好比"野兽派"的初始，同样遭到了社会舆论的猛烈打击。裸体模特风波前前后后持续了近十年，最终在法国领馆的庇护下以上海美专使用真人模特教学合法化而告终。亨利·马蒂斯（Henri Matisse，1869—1954）出生在法国北部，是一位富裕粮食商人的长子。莫罗对色彩的主观见解对马蒂斯影响很大。马蒂斯是野兽派的创始人，被认为是20世纪最具革命性的画家之一。野兽主义撼动了分色主义的专制，在1905年巴黎秋季沙龙上，以马蒂斯为首的画家群体展出了一批作品，他们的作品用色大胆、异于传统风格，因此被人戏谑地称作"野兽"。

野兽派是20世纪西方出现的第一个重要的流派，是一场色彩的革命。把色彩从自然主义和记录功能中释放出来，着重体现色彩的象征性，以马蒂斯为首的野兽主义画家在继承传统绘画的基础上从主观情感出发，运用单纯的线条、强烈的纯色对比和平面的表现方式来作画，吸收了非洲、波利尼西亚、中南美洲原始艺术的呈现方式，确立了全新的绘画准则。

20世纪的东方，刘海粟的泼墨作品在泼墨技法上传承和发展了古而有之的唐人技法，中国传统青绿山水的颜色与野兽派同样具有象征性，青代表权力，绿代表自然之色，色彩整体偏中性，刘海粟把这种象征性从受

刘海粟像

亨利·马蒂斯像

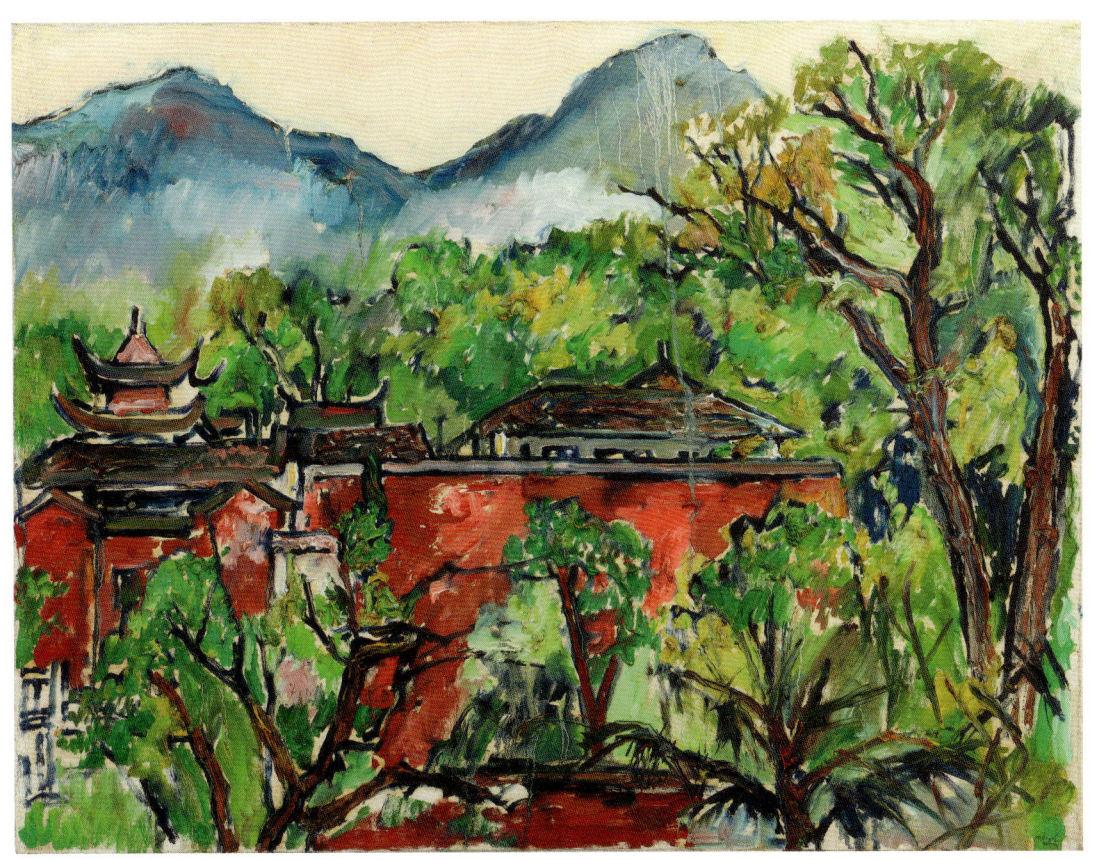

刘海粟 《福州鼓楼》 1982年

马蒂斯 《科利尤尔的风景》 1905年

（传）南宋　刘松年　《青绿山水长卷》

刘海粟　《黄山光明顶》　1982年

《青绿山水长卷》(局部)

皇家审美寓意和儒学审美内涵形成的色彩关系中解放出来，使之转化成具有野兽派风格的浓烈的具有自我象征的色彩表达关系，在线条表达上远观大气而蓬勃，近看笨而不拙，又好似炭笔速写，概括而生动。刘海粟十四岁便游走在中西文化之间，然而却始终以中国传统绘画为根基，不失中国画的气韵。追寻一种有别于传统的全新的表达方式，他试图用他的眼界和世界观告诉我们国画其实可以是这样的也可以是那样的，这或许就是他在绘画作品中所体现出来的企图心。

刘海粟 《杜鹃花》 1973年

    刘海粟的油画在野兽派中汲取营养，用强烈的色彩来表达主观感受，并运用到国画创作中去。马蒂斯则对中国文化尤感兴趣，后期作品简练而单纯，尤其是他的剪纸作品，他从中国历史服饰中汲取的灵感，转化为他为斯特拉文斯基的《夜莺之歌》创作服装；在他的床上方挂着一块刻有中国书法的匾额；他用中国式的笔墨创作肖像。马蒂斯在生命的最后写道："为了获得良好的训练，年轻画家应该坐上飞机，去探索中国，

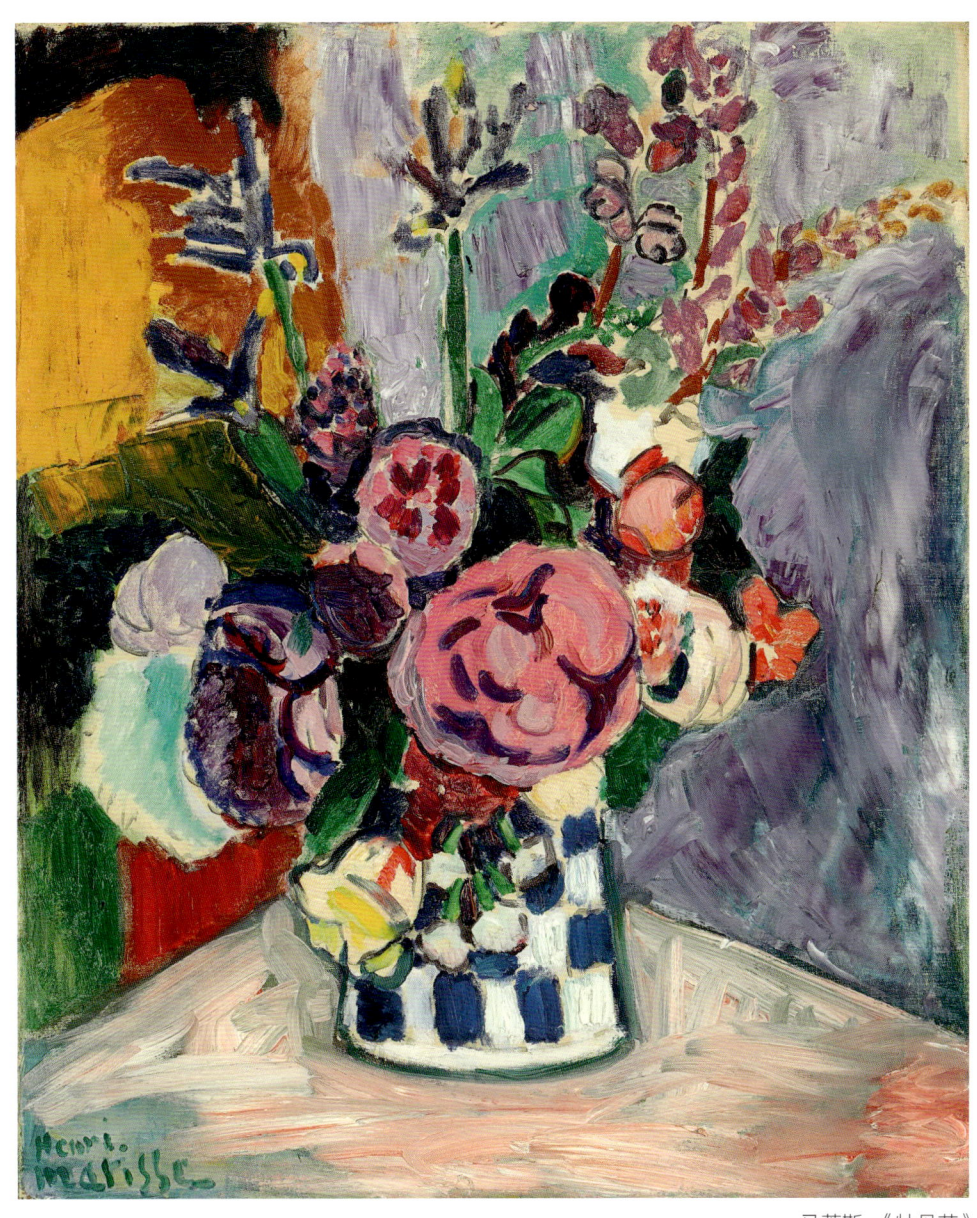

马蒂斯 《牡丹花》

那将是美妙的。"人类艺术是一个整体，无论东西，没有谁更先进，只有不断地相互学习才能产生灵感并得以向前发展。

然而，与野兽派画家不同的是，在刘海粟身上我们看到了中国文人特有的士大夫精神。"风波十年"他几乎是孤军作战。1925年，他写了一篇题为《艺术叛徒》的文章，号召人们在"现在这样丑恶的社会"做一个"艺术叛徒"，并号召艺术家们一起与旧社会对抗作战。他用他的坚韧和担当披荆斩棘，竭尽全力地去弥合中西文化的鸿沟，捍卫了中华民族的未来发展，体现了其高度的社会责任感，然而即使到现在，裸模也未必能被全然接受，四川美术学院院长彭茂坤的人体示范课就仍被众多网友辱骂为"下流"，吴冠中先生说："今天中国的文盲不多了，但美盲很多。"看来中国美术的教育、艺术的科普和推广仍然任重而道远。

刘海粟的这种士大夫的社会责任感还表现在他为中国画走向世界而付出的努力上。1919年起刘海粟曾多次出国访问，1929年在蔡元培先生的帮助下以驻欧特约著作员的身份到欧洲考察美术，其间最让他尴尬的是经常被误认为是日本人，这让他很是不服，决心要在国外举办中国画展，弘扬中国文化。

回国后，刘海粟即与郑午昌、贺天健共同商议，于1934年1月20日在普鲁士美术学院举行了"中国绘画艺术展"，德国教育部部长、外交部长、各国驻德使节以及各界人士共三千余人出席。之后又开始了欧洲巡展之路，陆续在德国汉堡、杜塞尔多夫，荷兰海牙、阿姆斯特丹，瑞士日内瓦、伯尔尼等文化名城巡回展出。次年2月20日，应英国政府邀请，又在伦敦百灵顿画院举行。4月移展捷克布拉格博物馆。5月方回国。出版展览图录《中国现代名画》一册，内收郑午昌、吴湖帆、高奇峰、潘天寿等十四位近代名家画二十三幅。《国画月刊》第一卷第六期还刊有《伦敦通讯》，是刘海粟写给贺天健、郑午昌的通讯，在深表感谢的同时介绍了欧洲巡回画展的盛况。此次展览颇为成功，大长民族志气，对改变欧洲"只知有中国古代不知有中国现代"的中国美术史的认知起到了积极作用。

抗战期间，刘海粟是艺术救国公益活动的活跃分子。1940年，刘海粟在印度尼西亚雅加达举办"中国现代名画筹赈展览会"，参加画展的有侨胞各界领袖，荷印经济部长夫妇、内政部长夫人、巴城（雅加达）府尹夫妇，以及美国、法国、瑞士等国家的领事，欧籍画家、记者等，极一时之盛。一年之后，新加坡星华筹赈会主办在新加坡中华总商会举行的筹赈画展，展出郑午昌、刘海粟、姜丹书等人的二百余件作品。海外筹赈画展，激发了华侨极大的爱国热情，并在南洋美术界掀起了一股中国画的热潮。从印度尼西亚雅加达开始，到万隆、泗水、玛琅，再到

刘海粟 《散花坞云海》 1981年

刘海粟 《梦笔生花》 1988年

刘海粟 《西海门壮观》 1981年

新加坡等地，一共为国家筹得赈款达数百万元，支援国内抗战。他自身更是不惜家庭破裂，悉数捐赠，一分不留。

何谓大师，笔墨再好，画技再高，最多也只能称作"大师傅"，能推动历史发展的人才是真正的大师，马蒂斯做到了，刘海粟也做到了，不仅做到了，他们更成为了一个时代的先驱。

从西方表现主义看钱瘦铁的艺术风格

看钱瘦铁的作品,让我想起一个人——20世纪来自挪威的表现主义先驱爱德华·蒙克(Edvard Munch,1863—1944)。

中西方绘画的比较研究,一直是美术界一个重要的研究领域。郑午昌的中国画与西域画的比较研究以及中国画与西洋画的比较研究,在20世纪30年代初就在美术界获得了很大的反响。比如他在《现代国画家

钱瘦铁像

爱德华·蒙克像

蒙克 《呐喊》(木版画) 1895年

钱瘦铁
《老鹰》
1963年

蒙克 《岸边的红房子》 1904年

应有这种觉悟》一文中举例说："我国画家所最敬仰的往哲，如顾陆张展、荆关董巨、黄王倪吴，以及清之四王吴恽等，在西洋美术史上，都不难一一找出其人格和艺术相同的人物。比如苦画西斯廷壁画的米开朗琪罗，何异吴道元。大胆制作秣草车的康司坦保尔，何异王摩诘。特拉克窒的敷彩，何异王洽的泼墨。写实派高尔佩之注意自然，何异于郭熙之师诸造化。印象派莫奈之注意光线，何异于米元章父子之注意墨韵。至若凡·高、塞尚、高更之徒，则犹八大、石涛也。"

西方表现主义是从后印象主义演变、发展而来，直接对表现主义产生影响的是挪威画家爱德华·蒙克，他在作品中注意表现主观的内心感受，忽视对描写对象形式的摹写，通过作品的抽象化着重于内心情感的宣泄，

天高云淡，望断南飞雁，不到长城非好汉，屈指行程二万。六盘山上高峰，红旗漫卷西风，今日长缨在手，何时缚住苍龙。

毛主席清平乐·六盘山

钱瘦铁 《天高云淡》

蒙克 《阿斯加德斯特兰德的花园》

这与钱瘦铁主张"取其意，不重其形；撷其精，不袭其貌"有相似之处。

中国艺术鉴赏评论界有一句话说，风格即人格。

爱德华·蒙克的父亲患有精神病，他向他的孩子们灌输了对地狱的根深蒂固的恐惧，因此他通过主题来表现他切身经历的对生存和死亡的感受，追求强烈的形式感。到晚年回到挪威，更多地表现出对大自然的兴趣，他的作品变得更富于色彩，减少了悲观的成分。

钱瘦铁（1897—1967）的一生更加坎坷。他曾协助募款支持东北义勇军，帮助郭沫若顺利从日本返国并被日本警察逮捕，后因不愿受辱以器物击警，在日本被判刑四年。回国后，又被人误当汉奸。摘去"右

雪凝千嶂碧 樹醉半林紅 曩游黃山登觀瀑慶見此景色今以唐人設色法圖之瘦鐵

钱瘦铁
《雪凝千嶂碧》

蒙克 《列车烟雾》 1900年

派"帽子不久,"文革"中又遭受了更为严重的批判,晚年患有肺气肿,运动时受辱,病情益剧,终至辞世。

站在西方表现主义的观点看钱瘦铁的作品,从广义上说虽同为表现主义,但西方表现主义追求的是小我,由于童年的阴影带来的苦闷心理,爱德华·蒙克多以生命、死亡、恋爱、恐怖和寂寞等为题材,带有强烈的主观性和悲伤压抑的情调,在抽象中表现为对现实的扭曲、恐惧、抑郁,是"以画愈心"的自我疗愈。

钱瘦铁一生所追求的是大我。他所追求的是一种心灵的大自在,蒙克在他的"灵魂"日记中写道:"我试图用我的艺术向自己解释生活及

钱瘦铁 《云海奇观》 1956年

钱瘦铁 《黄岳高秋图》 1920年

其意义。"钱瘦铁在狱中给妻子张珊的信中写道:"今将每日起居动作告吾爱:起身用冷拭法使皮肤坚实,早餐后即开始工作,午餐后运动,温习太极拳。四时许晚餐,工作至每晚有间可读书。"钱瘦铁是在用生活解释他的艺术。两者虽有不同,一个是用艺术表现行动,一个是用行动表现艺术。但有一点是相同的,作为真正的艺术家,他们的作品都着重于发掘内心深处的东西。

《黄岳高秋图》（局部）　　　　　　　　　　蒙克　《桥上的女孩》（木版画）　1918年

　　同样，在纳粹统治期间，反纳粹主义的爱德华·蒙克的作品被贴上了"颓废艺术"的标签，从德国的各个美术馆撤了下来，由此诞生了他的作品《受难地》，此时蒙克除了悲伤还是悲伤。日本战败后，钱瘦铁以战胜国文化秘书身份再度赴日，返国后继续深研笔墨。日本友人小杉放庵曾用"中国人中少有的纯良大好人"来评价钱瘦铁的为人。钱瘦铁不是单纯的画家，他是真正有着传统风骨的文人士大夫，先生继续着传统文人的家国情怀，他的人生与画都可以看到铁骨铮铮的侠义精神。

　　钱瘦铁的画不甜，没有任何商业气和功利心，他是通过绘画观察，感受自己的存在，明白自己是一个什么样的人。在此且不谈他师从谁，受谁影响，也不谈他有多少深厚的篆刻和国画的功力，其作品与中国传统绘画不同，不循规蹈矩，不求"笔笔有来路"，可谓独树一帜，观者能直接感受到的是他情绪的发泄和作品的张力，但又似在西方表现主义

钱瘦铁 《坐临溪谷》 1953年　　　　　　钱瘦铁 《顺风顺水送轻舟》 1957年

风格中注入了一份中国文人画的洒脱，使之提升到哲学的范畴。

　　钱瘦铁的艺术作品始于篆刻，以笔代刀入画，作品中有金石之气，线条老辣纵横，爱德华·蒙克的油画重色彩，版画则以刀代笔，用对比强烈的线条、简洁概括夸张的造型，抒发自己的感受和情绪。两位大家均画气不画形，都有超越象外的自由精神。东西方艺术的发展是相通的，在西洋美术史上都不难找出其相对应的人物，因为艺术最终是属于全人类的。

从西方静物画与中国博古画之比较看孔小瑜的新博古画

西方的静物画起源于古希腊和古罗马时期的壁画"Xenia"。"Xenia"这个词在希腊语中的意思表现为主人对异乡人，甚至陌生人的款待，为了表达主人的好客，主人会准备丰富的美食来宴请远方的客人，这种对美食的描绘以壁画的方式体现，因此这类壁画便被称为"Xenia"，也就有了静物画的意思。古希腊之所以尤其强调对异乡的陌生人要热情好客，是因为它的商贸传统。这让我想起中国民间的一句话"来了都是客"，只要是到了饭点，无论是路过的、陌生的客人都会被主人邀请下来一起吃饭，这在中国福建和潮汕的商人身上体现得尤为明显。古罗马目前所见最早的壁

古罗马庞贝发现的壁画《静物图》之一 　　古罗马庞贝发现的壁画《静物图》之二

中世纪壁画中的百合

（传）唐　吴道子　《送子天王图》（局部）　　　　　　　　　　《送子天王图》中的瓶插莲荷

画静物图大约在公元62年到79年之间，也就是中国的东汉年间。中国"博古画"一词，也同样出自东汉，引用东汉张衡《西京赋》里的"雅好博古"一词，"博古"指古器物。

中世纪1054年也就是中国的宋代，天主教教会形成，统治了欧洲的政治和文化领域，绘画成为了为宗教服务的工具，早期中世纪教会只关心它能不能传达神的教诲，是对人与神的描绘，静物只是作为具有宗教象征意义的附属物品在绘画中出现，比如画圣母玛丽亚通常会在背景中画一支百合花以象征她的贞洁。

中国博古图图形的出现，也就是"清供图"的出现，最早可以追溯到公元10世纪的唐、五代时期，即"始于宗教的礼佛供花，多见瓶插莲荷"。"清供图"是以清供入画的画作，"清供"又称清玩，其发源于佛像前之插花。清供最早为香花蔬果，后来渐渐发展成为包括金石、书画、古器、盆景在内的一切可供案头赏玩的文物雅品。

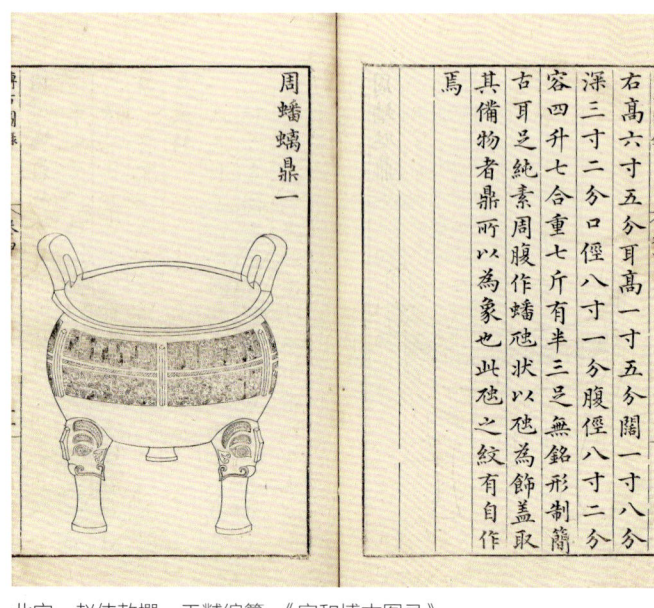

北宋　赵佶敕撰，王黼编纂　《宣和博古图录》　　　　　　　　　（传）南宋　刘松年　《宋人博古图》（局部）

　　"博古图"这个词语最早出现则是在北宋大观时期宋徽宗赵佶敕命撰写的《宣和博古图录》中，这是一本专门描写商周时期古器物的著作，可以看出博古题材原本主要是用来研究古代青铜器等器物的，是使用实物作为摹本，通过宣纸和墨的特性采用拓的技法制作图案或图形（又称"墨拓法"），再加以描绘古代器物形状的绘画。

　　在这之后静物又多用于人物画配景之中。这幅传为南宋刘松年《宋人博古图》中的几位文人雅士在一张摆满金石器物的桌面前相对而立，很形象地表现出宋人对于博古苦心钻研的认真态度。可见中国人早在千年前的宋代就已经形成了博物意识。

　　传为北宋赵昌的《岁朝图》是博古画寓意性的开始，"岁朝图"是指专门庆祝农历正月初一（春节）而绘制的一系列吉祥图画。传为北宋董祥的《岁朝图》则是中国现存最早的以器物为主角的"博古画"。

　　16世纪，静物逐渐脱离附属品的地位，出现了以静物为主角的绘画。威尼斯画家雅各布·德巴尔巴里（Jacopo de' Barbari）在1504年所作的静物画《鹧鸪与铁臂铠》则被认为是欧洲近代以来最早的架上静物画之一，但此时静物画还没有成为完全独立的绘画艺术类别。

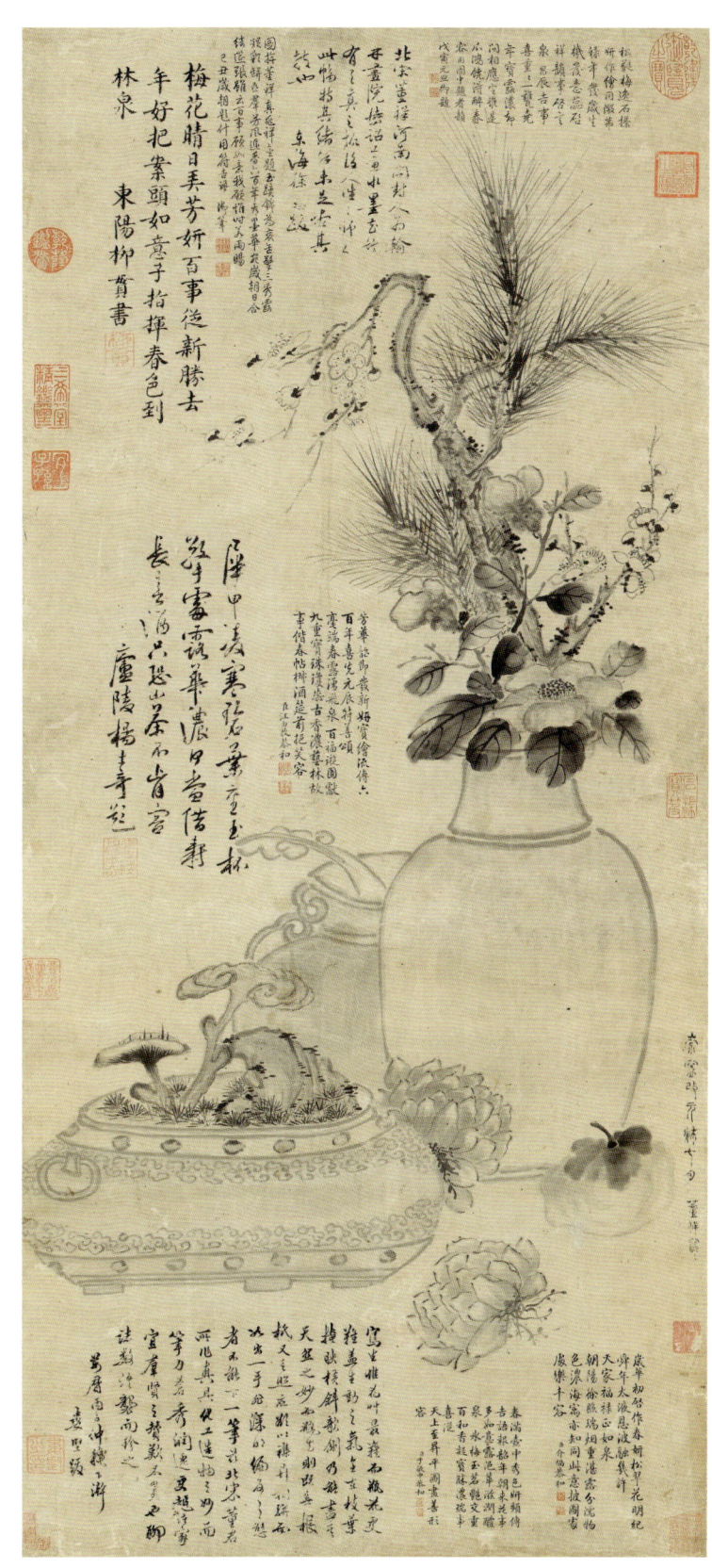

（传）北宋 赵昌 《岁朝图》　　　　　　　　　　　　　（传）北宋 董祥 《岁朝图》

雅各布·德巴尔巴里 《鹧鸪与铁臂铠》 1504年

17世纪，在荷兰，静物画获得极大发展，并开始成为完全独立的绘画艺术类别。由于资产阶级革命、富裕的中产阶级的崛起，新教统治者们对待艺术的态度，与天主教们完全不同，反对肤浅奢华的艺术表达，反对正面刻画宗教主题的内容，因此，原先只为宗教服务的艺术家们为了生活只能另谋打算，静物画便成了一种选择。有些静物画以物质的奢华精美带来视觉享受，有的则以物品的象征表达宗教，例如："饼"象征着耶稣的肉，"葡萄酒"象征着耶稣的血液等。有的则以物品来表达

荷兰画家阿德里安·凡·乌德勒支（Adriaen van Utrecht）于1644年创作的作品《静物》

  对人类社会的反思，产生了虚空画（Vanitas）。

  虚空画是静物画中最特别的存在。这种静物画类型，在17世纪初的静物画中，我们时常会看到这样凌乱繁杂的场景，这里杂乱地充斥着各种"物质"，金银器、珠宝、水晶杯、书籍、鲜花、新鲜娇艳的水果，有的还会有酒、头骨、蜡烛、乐器或钟。这类静物画，有一个独特的名字"Vanitas"（意为"虚荣"，直接音译为"维尼塔斯"）。"丰富而虚空"，这就是"Vanitas"（维尼塔斯）所表现的，它也被称为"劝世静物画""虚空画"。它包含着尘世成就和享乐的短暂，以及死亡的必然性，成就荷兰静物画的巅峰。通俗地讲，这种艺术风格意在告诉有

荷兰画家彼得·克莱兹（Pieter Claesz）于1628年创作的虚空静物画《挑刺的男孩》

钱人，你的钱生不带来死不带去，一切终归于虚空。这些画通常还会有"Memento Mori"这句话，意思是："记住，你终将死亡。""Vanitas"（维尼塔斯）绘画的象征意义一直延续到塞尚、凡·高、毕加索的静物作品，甚至今天的当代艺术。

16世纪末到17世纪初的明末清初，是中国博古画独立成为中国画门类的开始，博古画很好地给出了对"虚空画"的回应，中国人在公元前的战国时代就悟出了人与自然的关系，庄子云"天地与我共生，而万

明　陆治　《岁朝图》　1533年　　　　　　　清　居廉　《岁朝图》　1870年

物与我为一"，人是自然的一部分，化自然于无为之中，顺应天命，不要刻意去追求"我"的欲求，而破坏自然之道。博古画在内容上遵循自然法则，所绘竹石为伴，瓶插牡丹，盆置芝兰，佛手、丹柿随意扔地，在平淡中无处不寓意着平安如意、富贵绵长，而画中古物又寓意着"以古为镜可以见兴替"，体现了对历史的敬畏，对自然美和精神境界的向往，博古画更深远的意义在于博古通今、崇尚儒雅之寓意。静物画和博古画虽有本质的不同但都具有象征性和寓意性这两大特点。

清　六舟　《周伯山豆补花卉》　1847年 　　　　清　六舟　《芸窗清供图》　1847年 　　　　孔小瑜　《四时鲜果》　1956年

　　在博古画的发展进程中，有一个不可忽视的人物——清代的六舟上人。六舟上人，法号达受，俗姓姚，海宁州（今浙江海宁市）人。他是第一个把金石墨拓技法加入到博古画中的人，即实物墨拓入画再加入花草点缀成画。

　　孔小瑜（1899—1984）是中国20世纪"新国画派"代表人物之一，是"新博古画派"的开创者，20世纪中国博古画第一人。1899年，孔小瑜出生于慈溪庄桥孔家村，为孔子七十二世孙，他原名宪英，画室名"思撷馆"，祖籍山东曲阜。祖父曾为清末武官，去职后经商，定居上海，爱好书画，长于芦雁，孔小瑜的父亲擅长花卉、博古。孔小瑜从小受家

孔小瑜像

岁朝清供 乙亥秋仲之吉 曲阜孔小瑜写于沪上恩榈馆

孔小瑜
《岁朝清供》
1935年

孔小瑜 《金谷含香》 1945年

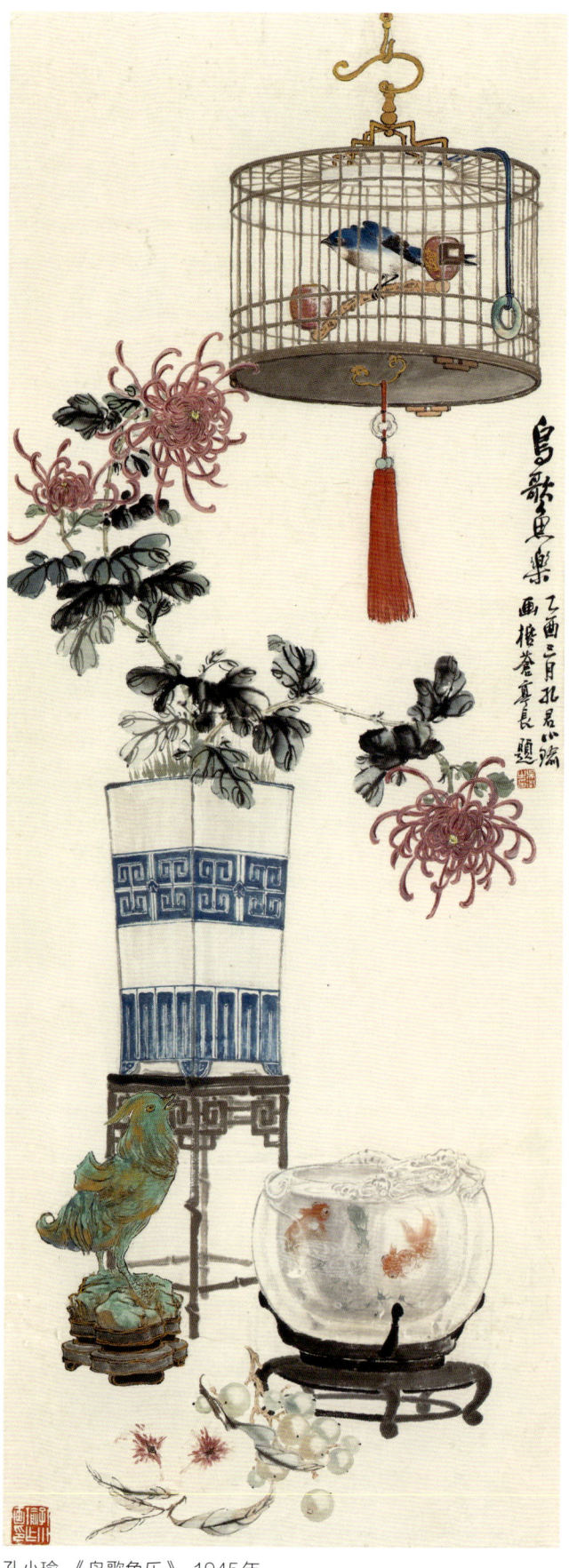

孔小瑜 《鸟歌鱼乐》 1945年

《金谷含香》（局部）　　　　　　　　　　　　《鸟歌鱼乐》（局部）

庭熏陶喜爱绘画，据他自己说，小时候的他就"常踞于高凳上观父作画，每每半日无倦意，放学的路上也喜欢东张西望，寻觅好看的物件记在心里，回到家中默写一番……"可见他自幼就有默写能力，天赋极高，十九岁即由海上名家王一亭取画室名"思撷馆"并代开润笔单，在上海开始了职业画家的生涯。同时，与活跃于上海一带的书画名家吴昌硕、吴湖帆、张大千、张善孖、陆俨少、王一亭、钱瘦铁、唐云、熊松泉、沈一斋等过往甚密，切磋之间，他的画艺日益精进。1932年，在一次画友聚会上，他与熊松泉、张大千合作了《醒狮图》，寄寓忧国之情。20世纪三四十年代，孔小瑜已以博古画脱颖而出，独步沪上，享誉画坛，当时海上画坛有"张虎熊狮沈凤凰孔博古"之称，即指善于画虎的张善孖、画狮的熊松泉、画凤凰的沈一斋，"孔博古"则指孔小瑜在博古画创作上的非凡表现力，1945年任教于上海中华文艺书画学院，翌年"行宗书画社"成立，被聘为国画教师，与柳渔笙、郑午昌、张聿光、熊松泉、吴青霞等九人组织"九九消寒会"，致力于新国画运动。

清末民初，是博古画的繁盛期，也是中西文化相互交融和碰撞的年代，他大胆引入了西洋静物画的表现手法，其表现有四：其一，用素描的明暗关系来突出器皿的体积感；其二，用不同笔触来表现器皿的不同质感，

孔小瑜
《富贵平安图》

例如用保罗·塞尚般的油画笔触对青铜器斑驳厚重的描绘；其三，引入了西画的透视法来表现前后高低错落的博古，加深画面的层次感；其四，西方静物画在描绘器物时，环境色必不可少，起到协调整个画面物与物之间色彩关系的作用，在孔小瑜的作品中我们也能看到。1947年孔小瑜艺术生平及作品被收入《中国美术年鉴》。其后，他积极参加内地建设，毅然从上海迁居安徽合肥，长期执教于安徽艺术学校，并曾担任安徽画院副院长，为安徽美术事业的发展作出了巨大贡献。

中国波普艺术之父——谢之光

波普艺术（Pop Art）中的"Pop"是"通俗""流行"的意思。1957年，汉密尔顿为"波普"下的定义是：一、流行的（面向大众而设计的）；二、转瞬即逝的（短期方案），可随意消耗的（容易被遗忘的），廉价的，批量生产的；三、属于年轻人的（以青年为目标），诙谐风趣的，性感的，魅惑人的。

波普艺术是一种源于商业美术形成的艺术风格，受到20世纪二三十年代为消费而消费的价值观和生活方式形成的消费主义文化的影响，于20世纪50年代初期萌发于英国，后传于美国。60年代中期，波普艺术代替了抽象表现主义，成为美国主流的前卫艺术，原本艺术思想和形式的"高大上"被通俗文化所取代。波普艺术家们只关注通俗文化中的现象，比如广告栏、连环画、杂志和超市商品的图像。

安迪·沃霍尔 《玛丽莲·梦露》 1964年

安迪·沃霍尔（Andy Warhol，1928—1987），被誉为"波普艺术之父"，代表作品《玛丽莲·梦露》创作于20世纪60年代的1962年，他采取照相版丝网漏印技术，让画面像一张刚从印刷厂取来的未完成样张一般，这一幅《玛丽莲·梦露》是最典型的代表作。中国的月份牌画的擦笔画技法参考了擦炭画照相技法。由郑曼陀于1914年首创，并采用石印和摄影制版技术印刷。

中国的波普艺术的形成不得不从民国时期风靡上海的"月份牌"说起，早期的月份牌画受中国民间年画和木刻版画的影响，表现的是中国传统题材，内容分五大类：小说戏曲类、山水风景类、神话故事类、历史人物类、抗敌报国类。20世纪二三十年代，西方商人发现中国民间有贴年画的习俗，并且年画大多附印有年、月历表，于是最早的月份牌诞生了，1896年鸿福来票行随彩票奉送了一种"沪景开彩图，中西月份牌"的画片，"月份牌"这个名词就从此沿用。后来商家把月份牌的形式借鉴到广告画中，去掉了年历，月份牌从而成为外商致力于洋货倾销的广告宣传画。最初，为配合外国商品的倾销，商家直接使用了西方广告画进行商品的宣传，但效果不佳，因为不符合中国百姓的审美需求。在市场的逼迫之下，为了选拔和培养本土优秀的广告宣传画家，1928年8月，上海举办了广告画的创作大赛，开启了探索中西合璧、传统与时尚相结合的商业艺术形式，以此满足消费者心理。于是，月份牌广告画就趁势壮大了起来。

20世纪20年代初，社会风气开化，有关女性的传统观念得到了更新，至20年代末画面中的人物从传统的人物形象首先转变成了女学生，当时的中国，女子接受教育是为数不多的，女学生的出现代表了社会的进步。

20世纪三四十年代是月份牌创作的鼎盛时期。食色性也，无论哪个时代，美女广告总是不变的主题，伴随着妇女解放运动的展开，画面人物开始以摩登女郎、旗袍美女、电影明星为主角。画面中的她们或健康丰盈，或性感娇艳。她们烫发、穿高跟鞋、听爵士乐、看好莱坞电影、穿高开衩旗袍，就连当时的电影明星胡蝶、周璇、王兰美、陈云裳等也都加入其中，这些月份牌上明星的穿着和仪态都受到了当时女性的效仿，开创了近代美女明星做广告的先河。上海的月份牌画是整个民国时期一

安迪·沃霍尔像
伯纳德·戈夫雷德摄于1980年

月份牌画《沪景开彩图》

20世纪20年代美女月份牌画　　　　　　　20世纪20年代欧洲招贴画

个时代生活侧面的记录。通过女性的社会生活，从侧面反映了女性地位的提高，社会观念的开放和包容。

与此同时也涌现出了一批"月份牌"商业绘画师，他们学习传统绘画，又受到了西方美术的教育，其中最为出名的是郑曼陀、谢之光、杭穉英三人，并称"月份三剑客"。月份牌画的特殊技法"擦笔绘画技法"吸收了西洋水彩画的表现形式：先用铅笔勾勒出人物的轮廓，再用炭精粉擦出素描关系，就像在女性上妆之前，先打上粉底一样，然后用水彩层层敷染，此法善于体现女性肤色白里透红的细腻质感，配景则直接用水彩技法绘制。所绘人物写实，具有体积感，有别于中国传统人物画以线为主的平面表现形式。画师们在人物神态上加入了性意识，造型上有的则效仿了欧洲招贴画中的美女体态，无论是观念还是形式都彻底打破了封建体制下的传统模式。

谢之光月份牌画《洪武豪赌图》

马塞尔·杜尚
《带胡须的蒙娜丽莎》 1919年

1934年创立的中国商业美术作家协会，是上海月份牌广告画家的重要组织。月份牌画属于商业美术，在观念上并不能称为"波普艺术"，直至在有"月份谢"之称的谢之光于1935年创作的《洪武豪赌图》的出现，中国月份牌画才第一次进入波普艺术的范畴。《洪武豪赌图》别出心裁地在月份牌的内容中融入了通俗文化"打麻将"这一社会现象来表现日常生活中的趣味，画面中穿红衣服的是朱元璋，坐在他对面的是明初江南第一富豪沈万三，然而据现代学者考证，历史上朱元璋和沈万三并没有任何关系。沈万三是元朝末年的一位富有的商人，而朱元璋则是起义军领袖，最终建立了明朝。文献记载，沈万三在明朝建立之前就已经去世，因此事实上他不可能有机会与朱元璋见面或有所交集。（画面中把毫不相干却被大众熟知的两人放在一起，这一戏剧性的场景来自于民间传说，民间传说的内容往往包含超现实的元素。谢之光将这一传说通过主观的想象，概括、变形、夸张的艺术手段创造出具有超现实色彩的故事情节和人物形象，其作品中蕴涵了中国超现实主义绘画的萌芽。）朱元璋代表权力，沈万三代表财富，这是一场权力和财富的博弈，作者把高高在上的两人世俗化，以诙谐的方式留给观众的是永远没有结果的答案。这让我想起超现实主义绘画的鼻祖马塞尔·杜尚（Marcel Duchamp）在《蒙娜丽莎》画像上添上的那两笔胡子。

在当时有句话叫"月份谢，比较邪"，用现在的话说，谢之光的脑洞有点大。谢之光与杭穉英都是浙江余姚人，谢之光能在上海一炮打响，是因为他作品的表现形式给见惯了摩登女郎为主题的人们另外一种新鲜感。在美女如云的月历牌市场，别人画美女，谢之光却偏偏画一群男人豪赌。谢之光有感于上海滩上不少人喜欢搓麻将，于是画了《洪武豪赌图》，《洪武豪赌图》月份牌画一经问世，因其标新立异的主题，独具一格的构图，又与当时民众喜欢茶余饭后搓麻将的习惯不谋而合，故广受青睐。这幅画的成功让谢之光尝到了甜头，很快他又画出了另一幅超越常规的《村童闹学》，就是这样一些恶搞的作品迅速为谢之光在上海博取了"月份谢"的美名。它的巨大发行量引来了不少跟风者与仿效者。谢之光也由此一战成名，并被称为"怪才"，连刘海粟都说："谢之光的脑袋和别人不一样,我眼里没有别人,只看得见他。"服气的又何止是刘海粟,我们在中国广告博物馆可以看到同时期大量模仿谢之光的作品。

的确,谢之光的脑袋和别人不一样,他与银楼老板女儿离婚并迎娶曾作为其模特的烟花女子为妻,全然不顾外界的眼光,成为沪上头号新闻,风头甚至盖过了当时蒋介石与宋美龄的婚姻。

谢之光(1899—1976),初名廷川,署东山后裔,后易名之光,室名栩栩。他十四岁拜周慕桥为师学习工笔画和月份牌画技法,十六岁考入上海美术专科学校,正式跟随张聿光学习舞美,跟随刘海粟学习油画,毕业后,在上海福州路的天蟾大舞台画大型背景并兼职画月份牌。1922年,年仅二十三岁的谢之光出版了自己第一张月份牌作品《西湖游船》,大获好评,被南阳兄弟烟草公司录用为画师,后又被华成烟草公司高薪聘请任美术部主任,当时谢之光一张广告画价值500大洋,彼时,普通工人一月薪资为5到10块大洋,这样的画价在当时堪称"天价"。谢之光女儿回忆说:"我小的时候上海都是双层的汽车,汽车后面都是我爸爸画的,启东烟公司,后面黄包车拉,前面汽车开,人人脑子里都知道谢之光。"从此,从余姚到上海以开小煤炭店为生,从贫穷家庭走出来的谢之光一跃翻身,跨越社会阶级,成为新贵。

由于画技出众,他为上海华成烟草公司绘制的美丽牌香烟的烟标中的女子形象成为爆款,然而也引发了中国近代商业史上因一个画家而起的第一件肖像权官司,因为一般烟标上的美人都是以当时的女明星为模特的,七名女星都认为模特正是自己,可见谢之光对商业审美的洞察力有多强。20世纪40年代,随着月份牌退出历史舞台,仕女画又成为了各大画社的新宠,上海一些画片社见月份牌发行量剧减,便开辟了画片市场,这些作品为商品的画片,上面不画商品,也不标明商业单位名称。它们像月份牌那样受到市民的欢迎。谢之光的仕女画便成了这些画片社的重头戏。1947年、1948年,他还创作了大批报纸广告,特别是"红金香烟系列"报纸广告。

然而谢之光的晚年生活非常不幸,他二十三岁刚大学毕业的儿子因"血吸虫"病不治身亡,英年早逝。虽然白发人送黑发人这件事对他打

谢之光像

谢之光第一幅月份牌画《西湖游船》

中國
南洋兄弟煙草有限公司

谢之光 《南洋兄弟烟草公司广告》

中國新民煙草公司

請吸

水手牌　大星牌　椰樹牌　百金牌　必澤牌　咖啡牌　白攬牌　珍珠牌　湘平牌　甘蔗牌　婆燕牌　好姑牌

香煙

击很大，但是面对儿子的死亡，谢之光却显得异常平静，甚至没有落泪，他说："别怕，每个人都要去世的，我也会来陪你。"表面的淡定难掩内心的伤痛，接下来的世事变幻，则更让他沉默。20世纪50年代末，谢之光任上海中国画院画师，开始挑战中国画。没有了商业绘画市场的约束，他的创作空间更自由了，他每天都把自己关在房间里从早画到晚。集中西绘画技艺为一身的他在创作中的视野更为宽广，作画不再拘泥于传统，开始求新、求突破，除商业绘画外，谢之光在国画水墨上的成就也是巨大的，作品简约而不简单，谢之光的家中曾有一自书的条幅"天真烂漫是我师"，他追求的是一种天真烂漫的艺术趣味，毕加索晚年也同样如此，毕加索说"我花了四年时间画得像拉斐尔一样，但却用尽一生的时间，才能像孩子一样画画"。

在创作中谢之光解放了传统绘画工具带来的局限性，笔墨间看似无法却有法，狂放不羁，或用纸团、排笔，或用手指、柳条、布块、手掌、不洗的破败笔、焦墨宿墨混杂的水墨，他皆信手拈来，经过他的倾倒、拖曳挥洒，所画天趣盎然，这种作画方式又酷似西方抽象、表现主义。他用拇指蘸红色，按压于宣纸上画梅花，或迟或速，随兴所至，变化无常，嘴上还一边风趣地说道："后人无须考证，实打实指印真品！"人们向他求画，他不计报酬，故自号"白弄山人"以自嘲。没有钱了，他就画年画，有钱了就画自己钟爱的国画，对于谢之光白送别人自己的画，他说过这样一段令人动容的话："经常来我家索画的人，有杭州者，有四川者，人家老远路来，有舟车之劳，还要买宣纸来，其实也是他们买了宣纸给我练功，我今天能画好画，拜托他们省下钱来，买了爆竹给我放，想到这点我还应该感谢才对！"

"文革"时，生活潦倒，谢之光也没有停止对艺术的思考与追求。有一次，朋友前来拜访，见他正在生煤球炉，不免有些尴尬，他却兴致勃勃地向朋友介绍起生炉子的秘诀："柴爿要架空，使空气上升，煤球才会引着而燃烧起来。画画也一样，留白顶顶重要，有些人画得密不透风，结果一团乱麻。"七十三岁时他从橱窗里面看见蛋糕，很想吃，却没有钱，年轻时每月曾赚几千大洋的他现在连8毛钱的蛋糕都买不起，他却笑然

谢之光
《中国新民烟草公司广告》

谢之光 《风华正茂》

谢之光 《水仙》

谢之光 《旭日东升》

谢之光 《归帆》

面对，带着 2 毛钱出门，先花 4 分坐几站汽车，到一免费公园看花、看人，中午花 3 分买一大饼充饥。然后 4 分钱买一根赤豆冰棒，边吃边往回走。到家洗个澡，睡个午觉，感觉尚好。他对朋友说："不要牺牲每一天。"谢之光以前有吸大烟的癖好，后来他以坚强的毅力戒掉了大烟。晚年他患上肺癌，临去世前一个月他仍在作画，画得特别多，人们排队索取，子女们劝他，他说"我没病"，一定要画，实际他已经知道自己的病情了。1976 年 9 月 12 日晨，谢之光与世长辞。的确，正如他自己所说的那样，他没有牺牲每一天，是他对生活的态度决定了他非凡的艺术成就。

中国文人画中的凡·高

——王康乐

塞尚、凡·高和高更是后印象派"三杰"。凡·高（Vincent Willem van Gogh），荷兰人，生于1853年，终于1890年，英年早逝，只生活了三十七个年头。

中国画家王康乐生于1907年，浙江奉化市（今宁波市奉化区）人，终于2006年，是继朱屺瞻、刘海粟之后的中国画坛百岁老人之一。看似毫不相关的两个人，他们的艺术之路却如出一辙。

印象派是西方绘画史上划时代的艺术流派。印象派之后，出现了后印象派（Post-Impressionism）。后印象派不再满足于印象派对自然界光与色的客观表现而是强调抒发作者的自我感受，主观地表达作者的情感世界。再看中国画的核心：中国画是以表现作者的个人情感、诗意的表达、写意精神为核心价值。如果画面只是机械的物象形态，或者逻辑内的图形，那么中国画的艺术身份将不再成立。

"后印象派"重视形、色、体积的构成关系，强调艺术形象要异于生活的物象，要用作者的主观感情去改造客观物象，要表现"主观化了的客观"。由此可见，西方绘画从19世纪的后印象派开始与公元7世纪到10世纪的唐宋就已经形成的中国画，也就是中国文人画的核心思想是一致的。

凡·高 《自画像》 约1887年

王康乐像

凡·高 《麦田群鸦》 1890年

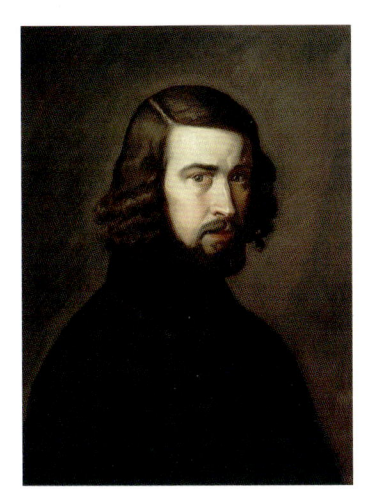

从凡·高立志成为艺术家伊始，19世纪最杰出的以表现农民题材而著称的现实主义画家——法国人让-弗朗索瓦·米勒（Jean-François Millet）就是他学习的对象，成为其从艺路上最重要的精神导师，也正是受到米勒的影响，凡·高立志成为一位"农民画家"。从1880年直至去世的整整十年间，凡·高不间断地临摹着米勒的画作，数量不下百幅，这样的行为贯穿其整个艺术生涯。但凡·高并不是简单纯粹地抄袭或者复制，而是用自己的绘画形式和语言来诠释米勒的作品，用他的话来说，是想让更多的人了解米勒。

再看王康乐的师承。王康乐一生有三位大师级老师，黄宾虹、郑午昌和张大千。黄宾虹是王康乐仰慕已久而投拜的第一位老师，他1934年开始随黄宾虹学画，虽从师只有半年之久，但黄宾虹为王康乐的国画之路指明了方向。王康乐学黄宾虹并没有像其他学生一样从临摹黄宾虹的作品入手，而是追根溯源，从黄师推荐的元四家画迹入手临摹。王康

米勒 《自画像》 约1840—1841年

米勒 《播种者》 1850年

凡·高 《播种者》 1881年

乐回忆说："当年,以习作送请先生指教。他老人家边改边讲,如习习春风,奠定了我画格的基本调子。"直到五十年后,浙江省博物馆举办黄宾虹百幅作品大展,王康乐前往观摩,感慨、激动之余,他决定在展厅里临摹黄师作品,费时半月,得稿三十幅,王康乐说这是他平生仅有的一次面对先师作品进行临摹与探索的行动,王康乐时年已七十五岁高龄,仍谦卑自省,孜孜不倦。王康乐曾用黄宾虹与张大千两人的笔法,临写《长江万里图》卷。他在临写作品题跋中写道:"余尝临大千先生重彩《长江万里图》卷,兹仍袭其章法,用宾虹先生笔路写大江东去之景,两师重墨重彩之作,均有神骏脱羁之势,可以意想而难以效及,记之以表思慕。"王康乐对黄宾虹的敬仰,就像凡·高对米勒的敬畏,他们始终不忘学画之初心,一路探究之后又重回起点,温故而知新,最终都形成了自己独具魅力的个人风格。

1882年凡·高跟随表姐夫,荷兰画家安东·莫夫(Anton Mauve)学习写实派油画,1869年凡·高被伯父带入艺术品交易公司"GOUPILS"实习,1873年实习结束后调往英国分部工作,在英期间访遍了大英博物馆和英国国家美术馆等众多艺术展馆,同时进行了大量的阅读,从美术馆导览文字到杂志,再到文学和诗歌,无所不纳,这使他对欧洲艺术的发展史有了深刻的了解。

1940年王康乐拜《中国画学全史》的奠基人郑午昌为师,郑师为王康乐的第二位老师。

黄宾虹 《蜀游拙笔》 1951年

王康乐 《浑厚华滋》

凡·高早期作品《黄昏》

《蜜蜂画集》人物小传里这样推介郑午昌："自幼好读书，其家富收藏，暇则临古书画，稍长寓西泠攻画亦力，山水胎息宋元。"郑师从中国绘画史的角度指导学画门径，堪称是一位学者型的导师，《海派书画文献汇编》录有郑午昌《中国山水画的师资》及四篇《画家之学养》，可视为其课徒的讲义。每隔一段时间，郑师就要召开一次师生座谈会，学生携带作品互相观摩，并当场动笔修改，郑师学识渊博，且对传统山水各门派技法了如指掌，这种教育方法只有郑师一人能为，王康乐随郑师学画时间最长，有十二年之久，无论是对艺术史学的了解，对传统技法的表现，对诗文的创作都打下了坚实的基础。

纵观两位大师日后风格的形成，首先都是从史、从传统入手，正如黄宾虹所言："画不师古，未有能成家者。"

王康乐早期传统山水作品《西山烟雨图》，郑午昌题跋："溪山烟雨，系奚铁生仿小米法，要在点不碍皴、浓淡适当、笔墨秀润，犹其余事也。

王康乐
《西山烟雨图》

凡·高 《雨中桥》（临摹歌川广重作品） 1887年　　　　　歌川广重 《名所江户百景》之《大桥安宅夕立》 1857年

快绿临此颇能仿佛，漫识数语以广其学。癸未五月，郑午昌。"

1886年凡·高来到了巴黎，结识了新印象派点彩大师修拉（Georges Seurat），印象派大师毕沙罗（Camille Pissarro），毕沙罗向凡·高展现了自己的理论与技巧，影响了凡·高的艺术创作，同时在巴黎的凡·高发现了日本浮世绘中前所未有的艺术美感，凡·高收集了各种各样的日本版画，其中约有五百张流传至今，成为今日阿姆斯特丹凡·高博物馆的永久收藏。他开始疯狂临摹浮世绘，将它们转化成油画，学习浮世绘的画面的透视、构图、色彩，甚至笔触。将这股来自东方的艺术体验融汇在自己的画作之中。他摆脱之前昏暗沉重的画面色调，转而采用更多富有冲击力的色彩释放他的热情，凡·高的画笔开始出现流动的感觉。

凡·高 《花魁》（临摹溪斋英泉作品） 1887年　　　　　溪斋英泉 《身穿云龙打褂的花魁》
　　　　　　　　　　　　　　　　　　　　　　　　　　　　　　1820—1830年

王康乐 《山林暮色》

凡·高 《圣保罗医院花园中的树》 1889年

1947年，王康乐因久仰张大千设色泼彩方面的独擅，趁张大千来上海举行画展之际，由电影厂同事，美工设计师胡旭光、胡倬云建议，经郑师同意，三人同拜张大千为师，进张大千大风堂执弟子礼。至此，张大千成为王康乐最后一位老师。王康乐在设色上的成功借鉴了张大千的"泼彩法"，又吸收了黄宾虹的"积墨法"，但其笔下的"积墨"与"泼彩"又并非两位老师的模样，有自己的理解，就像凡·高用自己的风格临摹米勒的作品。他在设色上的成功还有更重要的一点是他有西洋绘画

凡·高 《麦田》 1889年

的功底，这是黄宾虹与张大千所不具备的，王康乐早年学习水彩和油画，也曾临摹过整本的英国艺术家的速写，在国画创作中常用西洋画颜料水粉和丙烯入画。1924年至1932年王康乐在上海商务印书馆图画部从事设计工作，1940年至1949年在上海新华电影制片厂任布景师，1952年至1959年在上海人民出版社美术科，1960年至1972年任职于上海工艺美校任国画教师。王康乐的从业经历告诉我们，艺术是触类旁通的，西方艺术无论是古典还是现代，无论是实用艺术还是学院艺术对他的影响都不无深刻。

凡·高的绘画追求的是一种近乎狂野的造型，厚重、粗犷的笔触，鲜亮的色彩带来的是一种直率而又单纯的表现方式，画面充满强度和张力。王康乐的绘画同样凝重敦厚，线条奔放具有速写性，笔墨间翰墨淋漓，画面中充满力量和节奏感。两者都好似在激情的支配之下随意挥洒得来。中国绘画与西方绘画最大的不同，就是中国画家有明确的文学的追求，比如苏东坡说的"诗是无形的画，画是有形诗"，或者王维说的"诗中有画"，

王康乐 《山水》

王康乐 《客心洗流水》

王康乐的画虽受西方绘画的影响但变法有度，不失中国文人画的本质且气韵生动，他是画家也是书法家，是诗人也是哲人，这是难能可贵的。东方艺术深深地影响着凡·高，西方艺术也同样影响着王康乐，他们的艺术历程正如王康乐先生所说"不继承无从创作，不创作无以自存"。

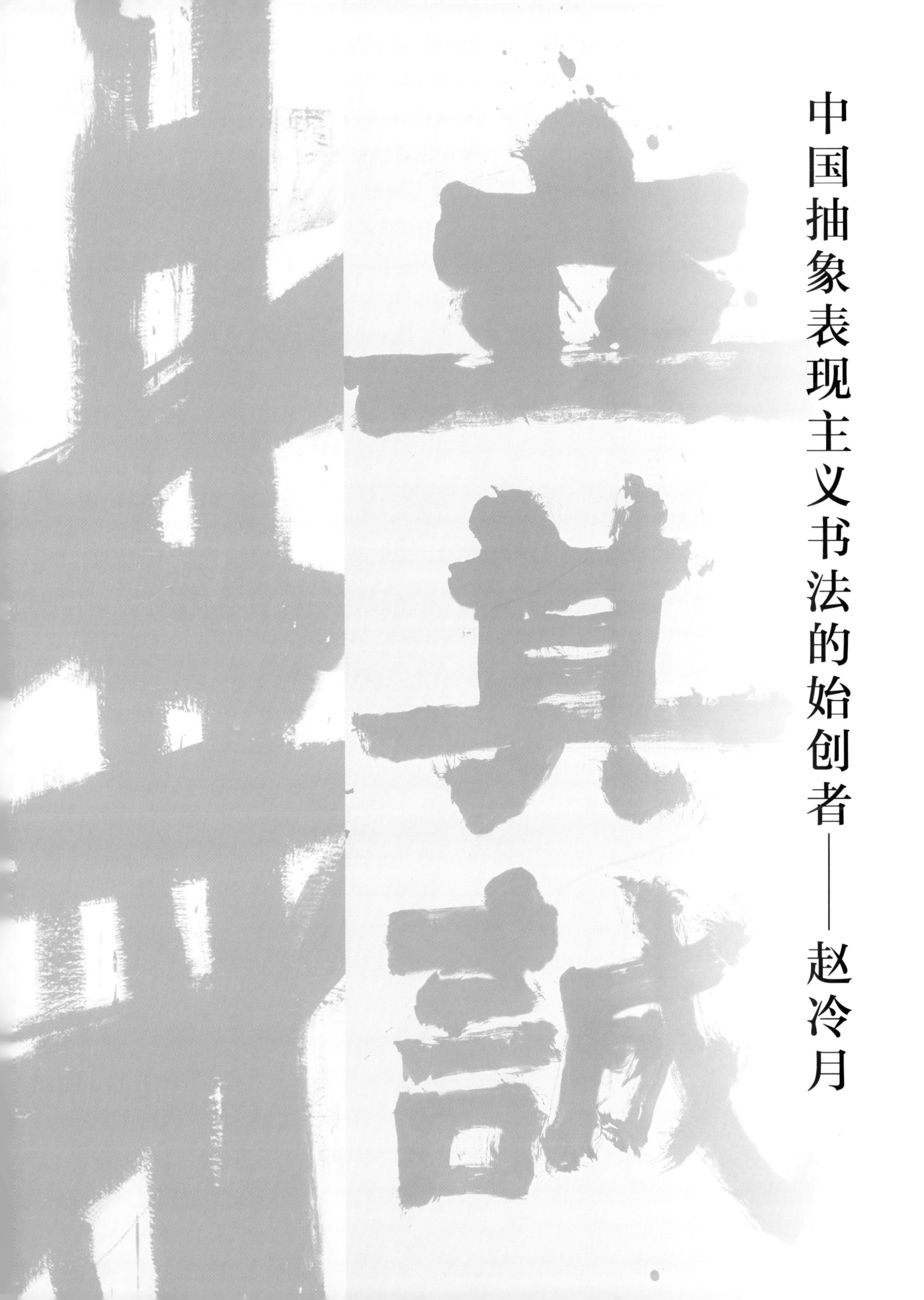

中国抽象表现主义书法的始创者——赵冷月

书家赵冷月,晚年变法,其"丑到极致便是美"的艺术观引来众议,而在笔者看来,无论褒贬,仅从书法的角度去看待赵冷月的作品都是片面的。

赵冷月在他的口述中有这样一段话:"我喜欢画家的书法,画家比书法家的意境来得高,有所谓的画意,历史上的名家都是书画家成为书法家,宋朝米南宫(米芾)他开创'米派山水',但他的书法成了大名,苏东坡他也会画,后来画竹画得相当好,到了元朝,赵松雪(赵孟頫)也是书画大名家。书法第一流,画也是第一流,到了明朝更多,董其昌、文徵明、徐青藤(徐渭)许许多多都是书画名家,所以书法大家出自画家中最多。"

赵冷月像

唐代张彦远在《历代名画记·叙画之源流》中说:"是时也,书画同体而未分,象制肇创而犹略。无以传其意,故有书;无以见其形,故有画。"这说的就是远古时期文字与图画是同体的,书法与绘画在起源上是相同的。所使用的工具材料,如笔、墨、纸、砚等都是相同的;而运用的方法,包括用笔、用墨也是贯通的。元代大书画家赵孟頫说"书画同源",即绘画和书法同出一辙,书法和绘画是密不可分的。因为中国的汉字是象形文字,古代的象形文字就是简单的画。古往今来,许多大家往往书画兼善,通常画家的书法在笔性上要高于书家,因为在绘画中无论是对笔墨的控制还是构图的要求,还是对造型关系中的取舍要求都要强于书法。

赵冷月口述说:"书法作为画的基本功,如果说一个大画师没有书法水平成不了大画师,所以书法艺术就像造房子一样,要打基础,有了基础,高楼大厦造上去就比较牢靠了,因此我懂得了这个道理之后,我踏上社会和画家交往接触的很多,我首先认识的是来楚生,来楚生也属兔,比我大十二岁,我每逢周日就去府上拜访,向他学习,其次同谢之光、关良、张大壮,都非常要好,在他们所谈及的画的方面和书法方面,几位大名家所言对我来说收获不少。大画师谢之光说,线条不能笔笔直,笔笔直就不太美。所以关良先生送我一张画,画的鲁智深和林冲,林冲他那杆枪不是笔笔直的,是弯的,所以线条有的地方要有点弯才有股劲,

赵冷月 《谦》

才有劲道,说明关先生在艺术方面考虑得很深刻。大壮先生不见他写字,但是谈起书法来却头头是道,评论起书法来更是精辟,他所评书法艺术无论是现在的,还是古代的,我认为都是值得我参考和学习的东西,我觉得这个人太了不起了。"由此看来赵冷月的作品可以说是以书入画,所以笔者认为应该从绘画的角度出发去看待赵冷月的作品。

其实,"以书入画"在中国是具有传统的。晋末陆探微受王献之一笔书法的启发,将书法性用笔之妙趣移于画笔之上,以"笔画"与"秀骨清像"共同达到了"气韵生动"与"骨法用笔"的最高境界。八大山人则首次提出了"书法兼之画法"的命题。郑午昌在《不可忽视之问题——书》一文中写道:"近代吾国以书名者,寥寥;画家之善书者,更未尝见……于是反观吾国现代之绘画,即以不学书法未之根本,故东涂西抹,狂怪甜俗,多有不堪入目者矣。"蒋士铨题钱大昕《白莲》画上两句诗:

赵冷月 《白居易放鹰诗》

"楷法写枝干，行草写花叶。"

赵冷月在谈到他的"变法"时，口述说："自从我开始研究书法以来，起步的时候学了一点米南宫和苏东坡，现在想来，我这条路是弯路，但在当时人们觉得我这条路蛮好，因为他们的字讨人欢喜，米南宫比较活跃，苏东坡韵味比较足，但现在我觉得不对，因为发现他们的字对我来说骨力太少，所以我到了后阶段，专门临汉魏六朝，来建立自己的笔力，那么是否现在我的东西就比过去的好呢，有几个问题，因为书法艺术要人书俱老，到老来要有一种苍劲，假如说我到了晚年，如果还是走汉魏六朝这条道路，仍旧排不掉像当时吸收米字和苏字那样，写得再好也是徒劳的，为什么要说是徒劳呢，因我想要变，要吐故纳新，吐故纳新就是要吸收新的好的东西，吐掉过去那些陈旧的东西，所以吐故纳新和否定是一回事情，否定一次，好一次，要不断否定，因为书法艺术有许多阻力，这个阻力是什么，就是定了型了，结壳了，不能吐故纳新就上不去，那么到什么阶段自己可以满意了呢，没有满意，到老还是不满意，所以叫活到老学不了，活到老要学到老。"可见赵冷月对于传统书

赵冷月 《靡哲不愚》

法艺术的创作和表现形式具有雄厚的积淀，并对书法的大众审美提出质疑和思考，认为要进步必须不断否定自己才能吐故纳新，他曾在广告公司供职二十一年，自然受到现代审美的影响，使他的创作视野更为广阔，他的"吐故纳新"笔者从绘画的角度看，他是试图将"书法"回归到"书写"作为记录的工具这一原始本质，而后用绘画中的抽象手法对本就抽象化的文字符号进行二次抽象的再创造。

赵冷月（1915—2002），原名良如，后改为亮，又因为明月俗称月亮，取名冷月。堂号缺圆斋，晚号晦翁，浙江嘉兴人。幼从祖父晚清举人赵介甫习文学，攻书法。二十岁时便成立"冷月书法学堂"，设帐授徒。二十三岁投于书法家徐墨农门下，受学五年。1950年从原籍移居上海，继续设帐授徒，沈尹默帮其写了"赵冷月书法馆"的招牌，"文革"时期，教徒、写字生意关闭后，1958年到上海市广告公司供职，1979年退休后将所有精力全部放在写字上。六十五岁之后的二十余年时间里开始变法，除了书法，赵冷月的一生从来没有接触过其他第二职业，即便在广告公司任职也是写字，去世后，家属在为其更衣整理遗容时，将其手指并拢。然而第二天去看，他的右手却弯曲着，五指攒簇，成握笔状。他这一生就是为书法艺术而生的。

赵冷月的书法并不能简单地从书法的角度去理解，除了从书画同源的绘画角度还有更重要的一点就是书道，"书法"与"书道"是不同的两个概念，书道不单纯强调书写的技法，在唐以前，人们称书法艺术为书道，后因唐人尚法，为强调法度以利于文字规范和传播，所以改称书法。"道"有大道、小道之分，大道就是哲学上所阐释的内容，小道是"个别事物的个别规律，并可以具体化为方法和技艺"，"书法"是小道而"书道"才是大道。赵冷月走的是一条大道，清代书法家傅山早就告诉我们书道的最高境界有四要"宁拙毋巧，宁丑毋媚，宁支离毋轻滑，宁真率毋安排"。1984 年，赵冷月作为上海市书法家协会代表团成员出访日本，以井上有一为代表的日本现代书法和西方现代艺术观念，给赵冷月留下了深刻的印象。回国后，赵冷月大胆提出要"松绑"艺术观，"脱去唐宋之铅华"，达到"豪华落尽见真淳的大雅之境"。

抽象表现主义发展于 20 世纪 40 年代中期的纽约，蓬勃于 20 世纪 50 年代，为纽约画派（New York School）领导下的时代风潮。抽象表现主义（Abstract Expressionism）是一种完全自由的绘画方式，不再限于架上绘画，比如将画布平铺在地上，也不再限于使用传统绘画工具作画，比如让油彩自然流淌而不加以控制，或用脚踩颜料的方式制造出各种自然效果，画风多半大胆粗犷、尺幅巨大，视觉冲击力极强。抽象表现主义绘画是大抽象形式，抽象到你甚至不明白作者在画什么，抽象表现主义是纯粹的精神世界的抽象表达方式，是具有反叛精神的绘画。抽象表现主义代表人物马克·罗斯科（Mark Rothko）说："我对色彩与形式以及其他的关系并没有兴趣……我唯一感兴趣的是表达人的基本情绪，悲剧的、狂喜的、毁灭的，等等。"

"法无定法，淡古为宗"是赵冷月治学思想之精髓。中国新国画派理论的奠基人郑午昌说"师古法而立我法，才不为古人所囿"，在他的《论画丛刊》序中写道"盖画有法无法，有理无理。无法而有法，是为至法；无理而有理，是为至理。至法似无法，而法在有法之外；至理似无理，

赵冷月 《立其诚》 1934年　　　　　　　　赵冷月 《至心》

而理在有理之奥。至法至理，有非易言文所能尽。引喻借衬，不着迹象，窥玄探奥，只许神领。苟非积有学养，潜心体会，何能得其究竟？"赵冷月的作品从过去看他是叛逆的，现在看，通俗的讲短裤配西装可以，破洞裤穿着也很顺眼，抛开书法中"法度"的束缚，赵冷月的"变"与当代艺术不同的是，在没有资本利益驱使下故弄玄虚的"变"，是他在对书法艺术不断探索中自然形成的结果，是伟大而超前的，他想要表达的是作品中的情绪价值，这与抽象表现主义绘画异曲同工，所以我把这一类书法艺术定义为：抽象表现主义书法，而赵冷月则是抽象表现主义书法的始创者。

弗朗兹·克兰像

弗朗兹·克兰 《Painting No. 7》 1952年

弗朗兹·克兰 《New York》 1953年

弗朗兹·克兰 《无题》 1957年　　弗朗兹·克兰 《Black and White No. 2》 1960年

与赵冷月同时代的西方表现主义画家——弗朗兹·克兰（Franz Kline，1910—1962），比赵冷月大五岁，是抽象表现主义运动的代表人物之一，1910年生于美国宾夕法尼亚州，1931年至1935年在美国波士顿大学学习艺术，此后又在伦敦希瑟利艺术学院学习了一年，曾任教于美国黑山学院和普瑞特艺术学院。从20世纪40年代开始抽象表现主义的试验，1956年至1962年一直在美国马萨诸塞州的普罗温斯敦画画。他用价格低廉、质量低劣的颜料和油漆工的刷子，在钉在墙上的大幅帆布上涂抹，笔触大而粗犷，注重笔触的虚实间架之势。笔的运势与中国的书法产生了暗合，颇有中国书法抽象表现意味，画面中强有力的建筑框架式结构对20世纪60年代构成主义雕塑家产生了重大影响。

图书在版编目(CIP)数据

画通中西：20世纪中国新文人画派十一大家/郑人刚著.
--上海：上海书画出版社，2025.2.
-- ISBN 978-7-5479-3513-2

Ⅰ.K825.72

中国国家版本馆CIP数据核字第20258H2W47号

画通中西——20世纪中国新文人画派十一大家

郑人刚 著

责任编辑	金国明　吕　尘
审　　读	陈家红
版式设计	陈绿竞
技术编辑	包赛明

出版发行	上海世纪出版集团 ⓿ 上海书画出版社
地址	上海市闵行区号景路159弄A座4楼
邮政编码	201101
网址	www.shshuhua.com
E-mail	shuhua@shshuhua.com
制版	上海久段文化发展有限公司
印刷	上海雅昌艺术印刷有限公司
经销	各地新华书店
开本	889×1194　1/16
印张	9
版次	2025年2月第1版　2025年2月第1次印刷
书号	ISBN 978-7-5479-3513-2
定价	168.00元

若有印刷、装订质量问题，请与承印厂联系